シリーズ「遺跡を学ぶ」029

東北古墳研究の原点

会津大塚山古墳

辻　秀人

新泉社

東北古墳研究の原点
―会津大塚山古墳―

辻　秀人

【目次】

第1章　会津大塚山古墳の発掘……4

1　東北で最初の大型前方後円墳の学術調査……4
2　発掘調査開始……9
3　埋葬当時のままの副葬品……11
4　東北古墳時代研究の始まり……26

第2章　測量図を作り直す……28

1　精度をあげた測量調査……28
2　新測量図からわかったこと……35

第3章　ぞくぞくと見つかる古墳群……41

1　一箕古墳群の発見と調査……41
2　宇内青津古墳群の再評価……51

3　第三の古墳群・雄国山麓古墳群……59
4　古墳時代前期の会津盆地……64

第4章　北陸からきた土器……68

1　土器は語る……68
2　北陸北東部からの人びとの移住……76

第5章　会津盆地の古墳時代……81

1　突然の変化……81
2　古墳の出現……83
3　大型古墳の時代……86
4　縮小してゆく古墳群……89

主な参考文献　91

第1章　会津大塚山古墳の発掘

1　東北で最初の大型前方後円墳の学術調査

東北地方の古墳研究の原点

会津大塚山古墳《あいづおおつかやま》は福島県会津若松市の東、戊辰《ぼしん》戦争の際に白虎隊《びゃっこたい》が自刃したことで有名な飯盛山《いいもりやま》から歩いて一五分ほどの小高い丘陵上に築かれている（図1）。

考古学の勉強を始めたころ、東北地方の古墳研究は会津大塚山古墳の調査に始まると教えられた。調査以前、一九六〇年代までは東北地方に古い時期の古墳はないと考えられていたからだ。奇しくも福島県会津若松市に建設された福島県立博物館に学芸員として職を得、出土資料を直接取り扱う立場となった。会津大塚山古墳からもっとも近い場所にいる古墳研究者として古墳の案内や、出土品の紹介を担当することになったのである。わたしは、いわば会津大塚山古墳の番人として、福島県立博物館の学芸員を六年間勤めたことになる。

この六年間に、会津大津山古墳は、たくさんのことを教えてくれた。また、わたしも多くの仲間とともに測量調査を試み、会津大塚山古墳の本当の姿を知ることができた。そして測量調査をきっかけとして、会津盆地を中心とした東北地方の多くの古墳の姿が明らかにされた。会津大塚山の調査によって東北地方の古墳時代研究は大きく前進し、いまや東北地方の古墳時代の姿が書き換えられようとしている。会津大塚山古墳は、まさに東北地方の古墳時代研究の原点と言えよう。

　本書では、会津大塚山古墳の発掘調査やその後の調査研究によって、少しずつ明らかになってきた古墳や集落のようすを紹介し、試行錯誤しながらわたしが追い求めてきた、古墳時代社会が東北に成立する過程を紹介してみたい。

図１ ● 会津大塚山古墳
遠くに会津磐梯山から西に連なる山々をのぞむ。

忘れられた古墳

会津大塚山古墳（図2）の発掘調査は一九六四年五月に実施された。いまから四十数年前、ちょうど東京オリンピックが開催された年である。聖火が点火されたのが一〇月一〇日だから、調査はその五カ月前のことだ。そのころ中学生だったわたしには語る資格はないのかもしれないが、残された記録や、調査に参加された先輩諸氏の話を総合して当時のようすを紹介してみよう。

会津大塚山古墳の発掘調査は、当時進められていた『会津若松史』編纂のために企画された。古代史を担当された故伊東信雄《いとうのぶお》博士が会津の古代史を執筆するにあたって、古代史を考えるための資料があまりにも乏しく、新たな調査が必要だと考えたからだ。

当時、会津盆地には、ほとんど見るべき古墳がないと考えられていた。調査対象に選ばれた会津大塚山古墳も、著名な考古学者、鳥居龍蔵《とりいりゅうぞう》博士によって、大正時代に一度は古墳と報告されたが、その後忘れさられてしまっていた。調査が企画されたころ、ようやく地元の山口《やまぐち》彌一《やいち》郎《ろう》氏らによって測量され、市の文化財に指定されたばかりだったのである。

発掘に挑む

伊東博士は実地調査をおこない、会津大塚山古墳が大規模な前方後円墳であることを確認し、発掘調査の実施を決断した。地元会津若松市教育委員会と会津若松史編纂委員会はこれにこたえて、会津若松市をあげての応援態勢を作り上げた。

報告書の文章を借用すれば、「一〇〇メートル近い大前方後円墳をはじめから学術調査の目的で発掘することは東北では最初のこと」である。「慎重を期すために伊東が発掘責任者となり、東北大学文学部考古学研究室が担当する」と続く言葉には、なみなみならぬ決意がうかがわれる。このときに発掘を担当した東北大学考古学研究室の大学院生、学生諸氏は、後の東北考古学研究をリードした面々である。博士はみずから研究室の俊英を率いて会津大塚山古墳の発掘調査に挑もうとしたのである。

東北に古い古墳はない

伊東博士の意気込みには理由があった。当時は、多くの古代研究者が東北地方に古墳時代の古墳が存在するとは考えていなかったのである。「古墳時代の古墳」とは変な言い方

図2●調査前の会津大塚山古墳
会津若松の市街地からもよく見えたと伝えられる。

だが、多くの研究者はつぎのように考えていた。

「たしかに東北地方には、大和《やまと》にあれば間違いなく古墳時代の古墳と見られるものはある。しかし、大和から遠く東北の地まで伝わってくるまでには数百年の時間が必要だから、五世紀の形の古墳でも実際に築造されたのは七世紀以降のことだろう」

東北の古墳は古い形をもっていても、実際にはずっと新しい時代のもので、東北には古い古墳はないと考えられていたのである。しかし、博士は古墳時代を前期（四世紀）、中期（五世紀）、後期（六世紀）に三区分すれば、少なくとも中期の古墳は東北地方にも存在すると考えていた。大和の古墳と東北の古墳の間には大きな時間の違いはなく、大和の中期古墳と共通する特徴を持つ東北の古墳は、中期に位置づけることが正しいと主張していた。同じような姿をした古墳であれば、東北にあっても大和の古墳にくらべて大きな時期の違いはないというのである。

伊東博士にとって会津大塚山古墳の発掘調査は、孤軍奮闘の感があったみずからの主張を実証するまたとない機会であったのだろう。

東北の古墳は貧乏古墳

伊東博士は調査開始前に「東北の古墳は貧乏古墳だから掘ってもなにも出ないかもしれないがそれでもいいか」と尋ねたと伝えられる。古墳を掘るときに、何が出るかと地元から大きな期待を集めてしまい、当惑することは多い。博士が地元の期待にやんわり釘を刺した理由は、宮城県仙台市の遠見塚《とおみづか》古墳調査の経験にあったに違いない。

全長一一〇メートル、仙台平野最大の遠見塚古墳が戦後、アメリカ軍の土取り工事で一部壊された。博士はこの工事に立ち会い、長さが人間の身長の数倍にもなろうかという大きな棺を二基発見した。棺はいずれも白色の粘土で周りを固める、粘土槨《ねんどかく》と呼ばれるタイプである。同じタイプの棺は大和にも多くあり、豊富な副葬品も出土している。当然、遠見塚古墳でも副葬品の出土が期待されたが、出土したのは素焼きの壺一個だったのである。

伊東博士は、遠見塚古墳の経験から、出土品が少なくともがっかりしないようにあらかじめ言い含めておいたようだ。しかし、調査が始まってまもなく、そのような配慮は不要だったことがわかってきた。

2　発掘調査開始

トレンチの設定が決め手

横山武《よこやまたけし》市長をはじめ会津若松市の幹部、関係者を迎えて、鍬入れ式をおこなったあと、発掘調査が開始された。

古墳の発掘調査では、トレンチとよばれる長方形の区画を定めて区画内を掘り下げることが多い。このトレンチをどの場所に設定して掘り下げるかで調査者の腕が問われる。棺の場所を掘り当てなければ何にもならないからだ。幸い、これまでの経験から、前方後円墳ではほとんどの場合、円形の部分の中央、古墳のもっとも高い場所に埋葬施設が設けられることがわかっていた。会津大塚山古墳でも後円部の中央にトレンチが設けられ、掘り下げが始まった。

調査団は、遠見塚古墳の経験から、棺は細長く大きなもので、棺の長手方向は南北方向、つまり古墳の中心線に揃えて埋葬されていて、白い粘土にくるまれていると予想していた。調査員たちは想定に従い、棺の存在を示す白い粘土を掘り出すことを目標に鍬をふるった（図3）。

想定外の黒い土

掘り下げを開始してから二日目、古墳の頂上から一・五メートル掘り下げたとき、異変がおきた。トレンチの中に黒い土が表れ、中から鉄製の剣が出土したのである。続いて別

図3 ● 掘り下げ開始
後円部中央のトレンチを掘り下げ、棺をめざす。

の場所でも土が変わっていることがわかった。その土からも装身具の玉や鉄の工具が出土した。白い粘土がみつからず、剣や玉が出土するのはなぜか。

掘り下げを中断して調べてみたところ、当初の想定が誤っていたことが判明した。棺は粘土にくるまれてはおらず、直接に土の中に埋められていたのである。とつぜん現れた黒色の土は、木製の棺が腐ってしまい土に変化したものだった。棺の方向も想定とは違って東西方向、古墳の主軸と直交していた。想定どおり白い粘土が出るまで掘り進めたら、棺を壊してしまうところだったのである。調査団は棺の方向にあわせてトレンチを設定し直し、棺全体の姿を確認することにした。

3　埋葬当時のままの副葬品

棺の中を掘る

確認された棺は二基。東西に方向を揃えて並んでいた（図4）。南側の棺が大きく、長さ九・三メートル、幅一・一メートルで、北側の棺はやや小さく、長さ七メートル、幅約一メートルだった。棺本体はすでに腐ってしまっていたが、その痕跡からどちらも、割竹形《わりだけがた》の木棺《もっかん》と推定された。文字どおり竹を横に割った形で、古墳時代の古い時期に一般的な棺である。土をこまかく検討した結果、最初に南の棺が設置され、埋め戻された後に、北の棺が埋められたことがわかった。会津大塚山古墳は南棺に葬られた人物のために築造された古墳だったのである。

棺内の調査が始まると、調査員は交替で古墳の上にテントを張って寝泊まりすることになった。出土品が持ち去られたり、棺の中が荒らされることのないように、一時も棺から離れられないからだ。ガラスの小さな玉やわずかな痕跡などの出土が予想される棺の中では、スコップや鍬を使って掘ることはできない。南北両棺は竹べらやハケを使って少しずつ慎重に、慎重に掘り進められた（図5）。

ぞくぞくと現れる副葬品

まず北棺から掘り始められた。まもなく、棺が腐って黒色に変化した土の中から鉄の剣や刀、首飾りの一部、青銅製の小型鏡などがぞくぞくと出土した。北の棺に葬られた死者とともに納められた副葬品の品々である。少し遅れて掘り始めた南棺からも同

図4 ● 発見された南棺と北棺
盗掘を免れ、埋葬のときのままの副葬品が発見された。

じ、いやそれ以上の副葬品が発見された。なかでも南棺の靫《ゆき》に入った青銅の鏃《やじり》は千数百年を経てなお、白銀色の輝きを見せ、調査員を驚かせた。靫は、先端を上に向けて矢を入れ、背負う古代の武具で、南棺の靫は朱でみごとに彩られていた（図6）。

それぞれの副葬品を出土した位置を動かさないようにていねいに掘り出し、付着していた土をきれいに取り除いたところで、ようやく棺の中にたくさんの副葬品が置かれている様子がわかってきた。南北両棺ともに、盗掘などで後の時代に荒らされることがなく、埋葬の儀式のときに置かれた副葬品がほとんど動くことなく、当時の状態を保って発見されたのだ（図7・8・9）。

南北両棺ともに残念ながら葬られた人物の遺体は発見されなかった。日本列島ではほとんどの土壌が酸性であるため、遺体が埋葬されてから千年を超えると、酸に溶かされて残らないのが一般的だ。会津大塚山古墳の場合も例にもれず遺体は失われてしまっていた。ただ、南棺ではわずかに奥歯の破片が出土した。その歯はかなりすり減って

図5 ● **棺内の調査**
図面作成作業中。多くの見学者が訪れた。

いたので、葬られた人物は老齢の男性であったと推測されている。

大和と同じ副葬品の配置

南棺からは、大小の青銅製鏡、勾玉《まがたま》・管《くだ》玉《たま》・ガラス玉を組み合わせた首飾り、竪櫛《たてぐし》、大小の刀、剣、矢を納めた靫、鉄製の斧、鉇《やりがんな》、小刀などが出土した。

副葬品や遺体の位置から、埋葬されたときの様子がわかってきた。棺の中央には老齢の人物が頭を東に向けて葬られた。頭には大型の鏡がのせられ、遺体の脇には長い飾り大刀《たち》や剣が置かれた。遺体の東側、頭の上には鉄や青銅の鏃を装着した四九本の矢を入れ、朱で飾られた豪華な靫や鉄の工具類が置かれ、西側の足下には小さな青銅の鏡と首飾り、さらに西側には装身具と武器が置かれた（図10）。規模や副葬品の数

図 6 ●靫と銅鏃の出土状態（南棺）
色鮮やかな靫と銅鏃の白銀色の輝きが調査者を驚かせた。

振文鏡と鉄剣、管玉（棺東部）

靫残片（棺東部）

鉄剣、鉄斧、鉄鏃（棺東部）

紡錘車形石製品（棺東部）

北棺の遺物出土状況

鉄剣と鉄刀（棺中央部）

図７ ● 北棺内の副葬品出土状況

鉄斧、砥石とその周辺
（棺東部）

丹のかたまり（棺東端）

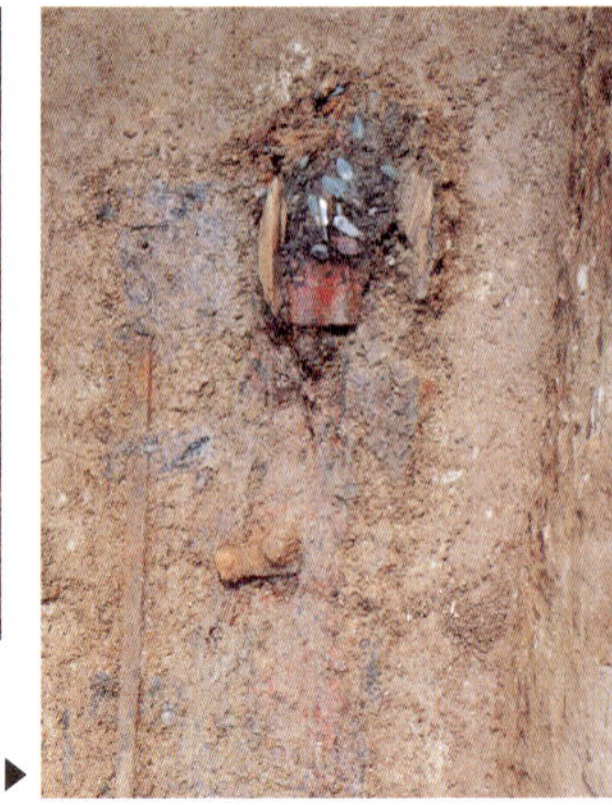

靫およびその周辺（棺東部）▶

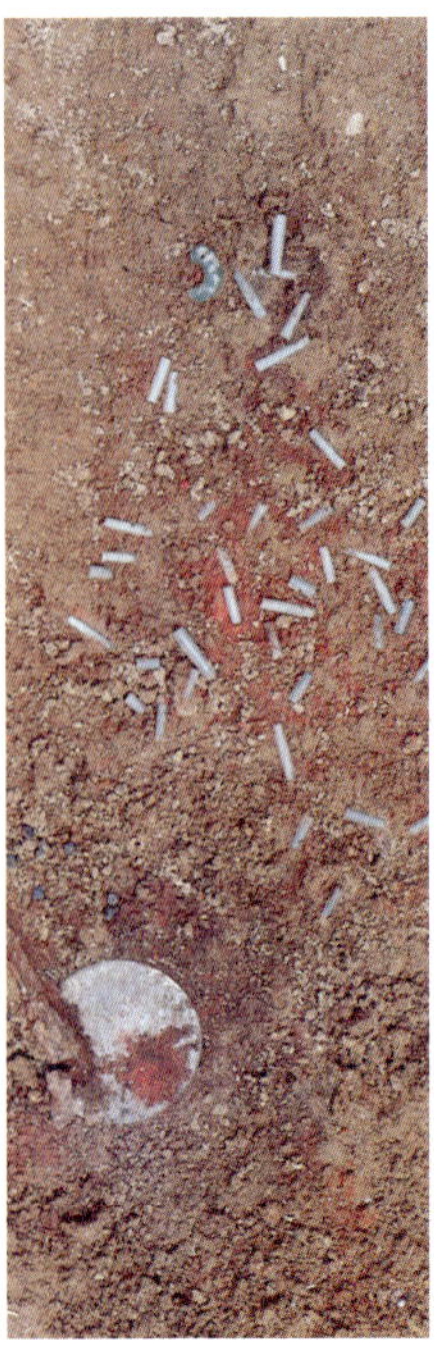

変形四獣鏡と玉類
（棺西部）

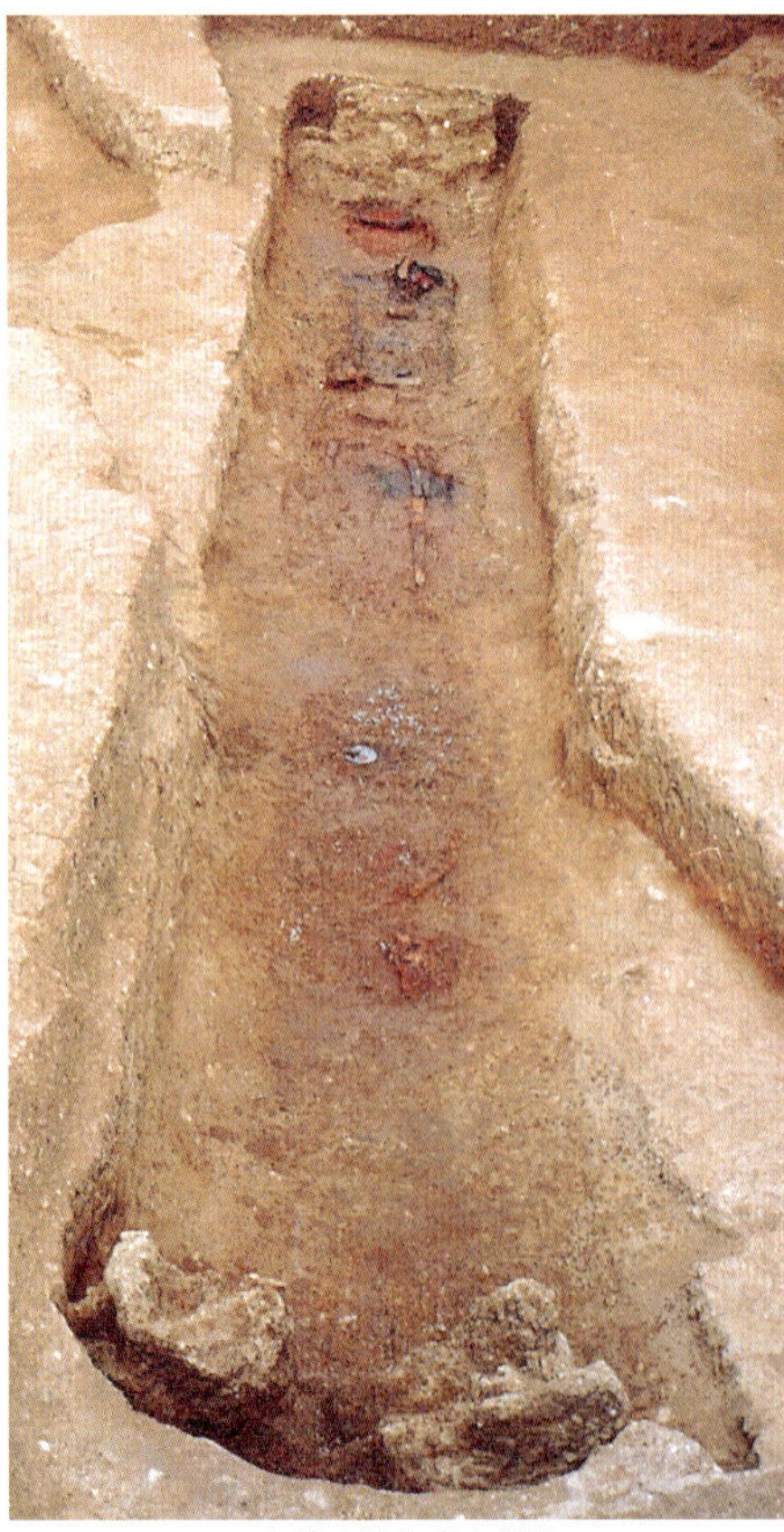

南棺の遺物出土状況

三角縁神獣鏡と三葉環頭大刀
（棺中央部）

鉄製品と玉類（棺西部）

図 8 ● 南棺内の副葬品出土状況

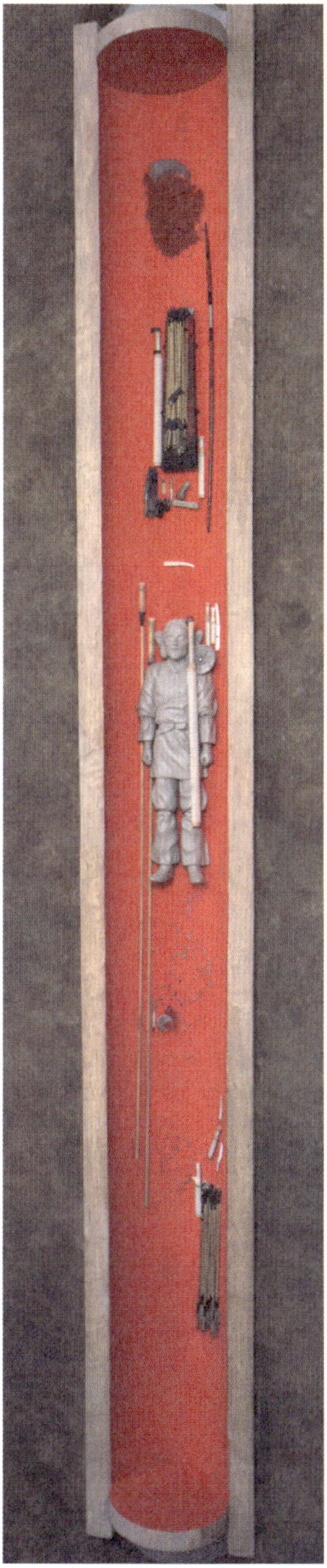

直刀（北棺）

鉄剣（北棺）

上：短冊形鉄斧（南棺）
下：有袋鉄斧（南棺）

紡錘車形石製品（北棺）

ガラス小玉（南棺）

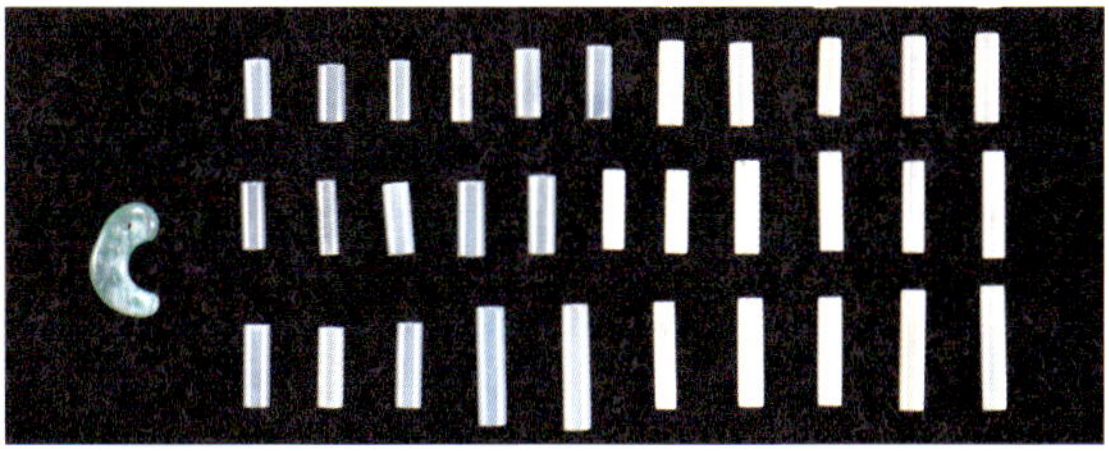

勾玉と管玉（南棺）

図９ ● さまざまな副葬品

◀図 10 ● 南棺埋葬復元
東北大学の藤沢敦氏により埋葬当時の姿が再現された。

量こそ南棺におよばないが、北棺でもほぼ同じように遺体が埋葬され、副葬品が配置されたと考えられた。

長い割竹形木棺の中央に遺体を置き、その周囲に、青銅製の鏡を中心とし、多数の武器、武具、装身具などの副葬品を配置して埋葬する方法は、まさに初期大和王権の古墳、前期古墳の特徴とよく一致していた。違う点といえば、棺が土中に直接に埋められていることや、南の海で採れる貝の姿をかたどった腕飾りが見あたらないことぐらいである。

三角縁神獣鏡

豊富な副葬品の中でも特に南棺の遺体の頭の上に置かれた大型の青銅鏡と、遺体の脇に置かれた環頭大刀《かんとうのたち》が注目された（図11）。

青銅の大型鏡は三角縁神獣鏡《さんかくぶちしんじゅうきょう》と呼ばれるものだ。姿を写し、光を反射する表面はゆるやかな凸面できれいに磨かれている。この鏡の特徴は紐を通すつまみのある背面の方にある。写真と図をよく見ていただきたい（図12・13）。真ん中のつまみの下に正面を向いてあぐらをかいた人物と横向きで右肩を見せる人物像がおわかりだろうか。つまみをはさんで反対側にも正面を向きあぐらをかいた人物が一人、つまみの左右に一対の獣が描かれている。人物像は中国の不老長寿をつかさどる神様の姿を表したものだ。左右の像も霊力のある想像上の獣を表現している。不老長寿の願いが込められた特別な鏡なのだ。鏡の周囲、縁の部分の断面が三角形をしているので、縁が三角で神と獣を描いた鏡、すなわち三角縁神獣鏡というわけである。

三角縁神獣鏡には特別な意味がある。これまで、三角縁神獣鏡は古代中国の魏《ぎ》の皇帝から邪馬台国《やまたいこく》の女王卑弥呼《ひみこ》に下賜され、邪馬台国から同盟の証《あかし》として各地の勢力を束ねる首長に配られたと考えられることが多かった。近年、魏の皇帝から下賜されたとの理解には異論も多いが、古代中国の神仙思想を表現した鏡が大和の勢力から各地に配られたことは間違いない。三角縁神獣鏡は初期の大和王権と同盟した各地の勢力に配られたと考えられているのである。

　会津大塚山古墳の三角縁神獣鏡は、中国製と考えられるもっとも古い段階のものではなく、それを忠実に模倣して日本で作られた鏡である。この鏡とともに葬られた南棺の主は、初期大和王権の時代に大和王権と同盟し、一翼を担った人物と考えることができる。

図 11 ● **三角縁神獣鏡、環頭大刀出土状況**
南棺の中央、埋葬された王者の脇か頭の上に置かれた宝物。

図 12 ● 三角縁神獣鏡
下に 2 体、上に 1 体の神像、左右に不思議な獣の像がある。

図 13 ● 三角縁神獣鏡の実測図
図 12 の三角縁神獣鏡を図にしたもの。不思議な図像がよくわかる。

三葉環頭大刀

三角縁神獣鏡と同じく、遺体のすぐ近くに環頭大刀が置かれていた（図14）。他の刀剣類のほとんどが、頭より上か足下に置かれていたから、この環頭大刀は葬られた人物にとって特別なものであったに違いない。

この大刀の特徴は、手で握る把の部分の先端に環が付けられることだ。発掘直後には、環の中に錆のかたまりはあったが、装飾はないと見られたため、素環頭大刀《そかんとうのたち》とよばれた。後に、保存のために環の中にあった錆のかたまりをレントゲン写真に撮って調べたところ、錆の中に三枚の葉の姿が隠されていることが判明した。現在は慎重に錆が落とされて、環の中に、みごとな三葉《さんよう》の文様を見ることができる。

この三葉環頭大刀は、全長一二〇センチ、刃の部分だけでも九〇センチの大刀である。後の時代の日本刀のような反りはなく、刃はほぼまっすぐである。実戦の場でこの刀を抜くことはかなり難しく、三葉環頭の装飾も合わせ考えれば、儀式の場で用いられる刀、儀仗刀《ぎじょうとう》と見るのがふさわしい。

▶図 14 ● 三葉環頭大刀
全長 120 cm の飾り大刀。儀式用の刀か。

ところで、この三葉の環頭大刀はかなりの貴重品だ。その姿形から四世紀ごろの刀と考えられているが、同時期の三葉環頭大刀は、大和や九州にごくわずか知られ、東日本の古墳からは出土していない。日本列島を見渡しても希有の例といえるだろう。この刀が製作された場所は明らかではない。もちろん東北地方にその技術はなく、三角縁神獣鏡と同じく大和を経由して入手したものだろう。南棺に葬られたこの地の王者は、儀式の場でみずからの権威をこの大和から与えられた儀仗刀をもって示したのではないだろうか。

この三角縁神獣鏡と三葉環頭大刀は、いずれも間違いなく古墳時代前期、四世紀のものである。他の出土品も四世紀と考えられるものなので、古墳は初期大和王権の時代に築かれたことを物語っている。そして古墳の主と大和王権との関係も、これまでの東北古代史の常識では考えることはできないことだった。

靫の取り上げ

南棺に埋葬された王者の頭の上から発見された靫は、三角縁神獣鏡や三葉環頭大刀とならんで重要な遺物である。掘り出されたとき、朱で彩られた靫はたいへん美しく、調査員一同は歓声をあげた。

しかし、それからが難問だった。靫には全体に赤、黒の漆が塗られており、矢を入れる筒の部分は織物で比較的よく残っていたが、底の部分は木製だった

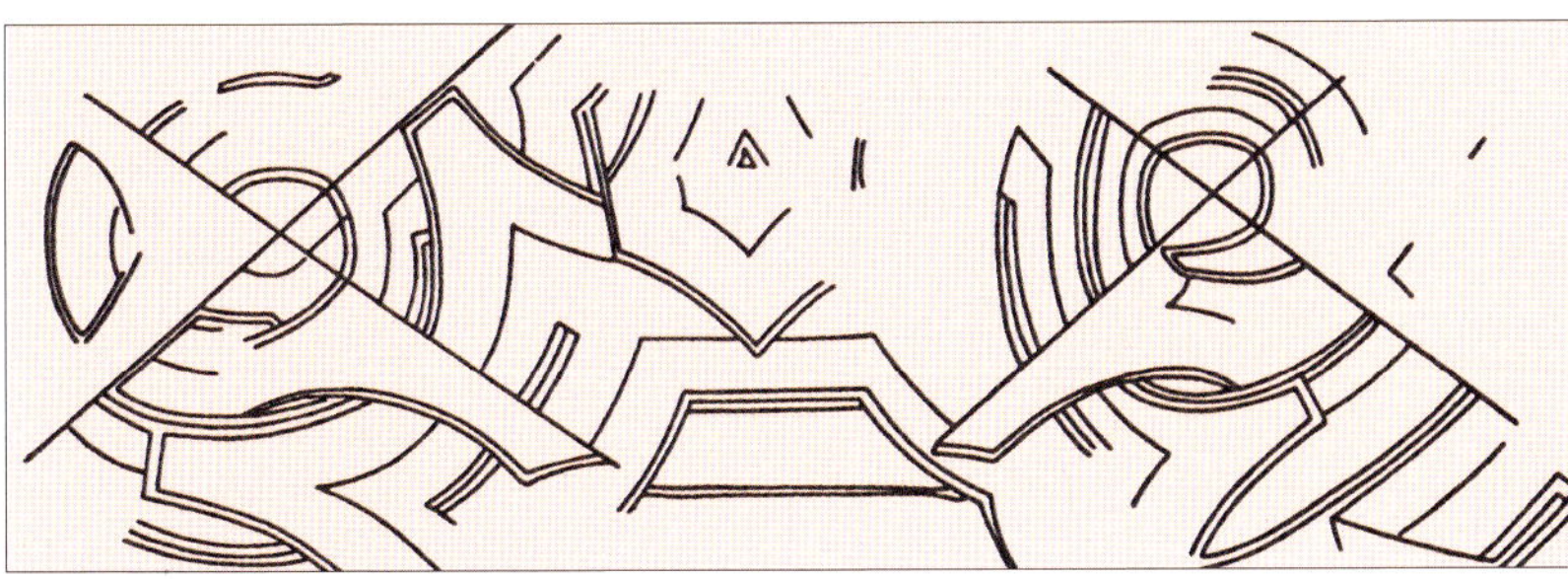

図15 ●靫下部に描かれていた直弧文
この文様には、不思議な力があると考えられていた。

ため、木の部分が腐って消失してしまって、木に塗られた漆の膜だけが残されていた。そしてこの漆の膜には「直弧文《ちょっこもん》」が描かれていた。「直弧文」は、直線と円弧を組み合わせた独特の文様（図15）で、この時代の人びとは、この文様に特別な霊力を感じていたと言われる。その特別な文様が、厚さ一ミリにもみたない薄い膜に残されているのである。

発掘では、出土品の姿を明らかにして、出土した場所を図面に記録し、出土した状態を写真に撮影しなければならない。

薄い漆の膜を壊さないように、削って先をとがらせた割り箸を使って土を一粒ずつ慎重に取り除き、靫全体をきれいに掘り出して図面を作製する困難な作業が、七日間にわたって続けられた。当時大学院生の伊藤玄三《いとうげんぞう》氏を中心とする調査員のねばり強い作業の結果、黒漆塗りの直弧文で飾られた豪華な靫の姿が明らかにされたのである。（図16）

靫は植物質の織物であるため、残りにくい。四〇年を経た現在でも靫の全体の姿を知ることができる例は数えるほどである。南棺の靫はまことに貴重な資料となった。

一般に、このような薄い漆の膜などは現地では観察できても取り上げることができず、破壊されてしまうことが多い。調査がおこなわれた一九六〇年代ではなおのことだ。しかし、幸いなことに、会津大塚山古墳南棺の靫は、福島県工芸試験場の須藤紀雄《すどうのりお》、佐藤滝美《さとうたきみ》、小林清之助《こばやしせいのすけ》の三氏により特殊な技術を用いて取り上げられた。それは出土した靫をポリエステルで固めてしまい、土ごと切り取ってしまうという方法だった。作業はみごと成功をおさめ、切り取られた靫は現在保存の状態を考慮しながら福島県立博物館で公開されている（図16左下）。

慎重に調査を進める

靫の調査状況

切り取られた靫

靫の切り取り作業

図 16 ● 靫の調査

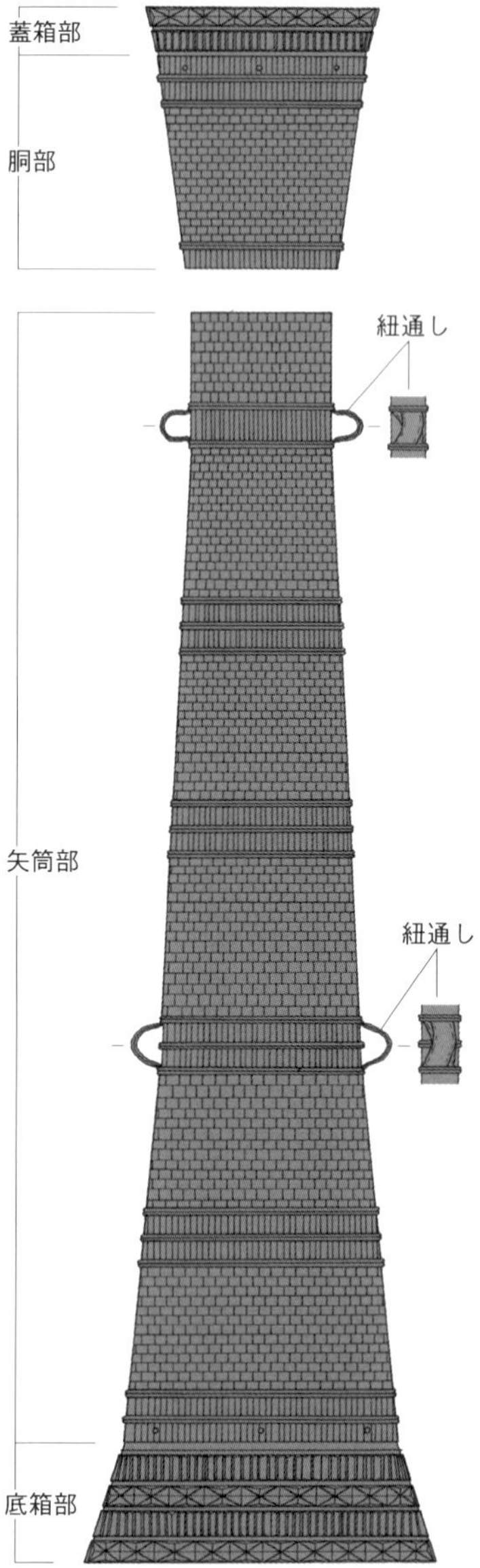

図 17 ● **奈良県御所市・鴨都波１号墳出土靫の復元資料**
会津大塚山出土の靫と同じで、表面に塗布された黒漆の膜が残り、全体が復元された。

会津大塚山古墳での靫の切り取りは全国的に見ても最初期の試みであり、その成功はまさに画期的なできごとであった。大塚山南棺の靫は現在でも研究の基準資料であり、研究の進展にともなって何度も観察が繰り返され、新しい研究成果が生み出されている（図17）。これも、調査団と調査に協力した人びとの先進的な試みによる大きな成果といえよう。

4　東北古墳時代研究の始まり

東北にもあった前期古墳

会津大塚山古墳の発掘調査の結果、会津盆地に古墳時代前期、初期大和王権の時代に一〇〇メートル近い大型前方後円墳が築かれ、葬られた人物は大和王権と政治的な関係を結び、大和王権の一翼を担う人物であったことが判明した。

この調査結果は、東北で古墳が築かれるのは七世紀以降のこととする当時の常識を完全に覆してしまった。東北地方に古墳時代中期には古墳があると主張していた伊東博士にとっても、古墳時代前期の本格的前方後円墳の存在は予想外のことだった。

「それにしても四世紀後半に畿内そのままの古墳文化が展開していようとは考えておらなかった」

これが伊東博士の偽らざる気持ちだったようだ。

会津大塚山古墳の発掘調査は東北地方における前期古墳の存在を明らかにし、東北地方の古墳時代を新たな視点によって研究する必要を示すことになった。東北地方古墳時代研究の出発である。

薄れてゆく関心

会津大塚山古墳の発掘調査は市民にも大きな関心をよび、新聞でも大きく報じられた。当時のニュースフィルムに、小中学校の大勢の生徒たちが列をなして古墳調査見学のために、坂道をあがってくる姿が記録されている。しかし、市民の関心は永く続かなかった。

調査終了後、会津大塚山古墳は会津若松市の公園として管理されることになったが、公園としての管理はゆき届かず、草に覆われて古墳全体の姿を見ることができなくなってしまった。

第2章　測量図を作り直す

1　精度をあげた測量調査

測量調査が必要だ

わたしが勤務した福島県立博物館は一九八六年に開館した。開館までの激務に忙殺されていたのだが、この年に、新たな古墳研究の機運が起きた。岡山大学教授（当時）近藤義郎《こんどうよしろう》氏による、全国の前方後円墳の図面を集成し、同じ基準で時期を決定しようという画期的な研究が開始されたのである。開館行事を終え、一段落したところで、わたしもこの研究に加わることになった。

近藤氏の研究では、地区ごとの担当者が地域の古墳を調査し、報告することになった。東北地方を担当することになったわたしは、同じく東北担当の藤沢《ふじさわ》敦《あつし》氏、越後担当の故川村浩司《かわむらこうじ》氏らとともに会津盆地の古墳を実際に現地で観察する機会をもった。もちろん、会津大塚山古墳にも何度か足を運ぶことになったのだが、行くたびに違和感をもった。測量図面と違うのではないか。

一九六四年の調査で作成された測量図では、会津大塚山古墳の墳丘は全長九〇メートルで、前方部が細長い形と読み取れる。この形は柄のついた鏡の形に似ているので柄鏡形前方後円墳《えかがみがたぜんぽうこうえんふん》とよばれ、前期古墳の特徴と考えられていた。しかし実際に現地に行ってみると、前方部の先端とされた位置よりもさらに外側にもう一つ段があり、自然の地形とは思えなかった。会津大塚山古墳はもっと大きいのではないか。現地調査をし、意見を交わした研究者たちの共通した思いになった。それを証明するためには、測量図を作成しなければならない。客観的な証拠が必要だからだ。会津大塚山古墳の番人としては、なんとしても測量調査を実施するほかはない。

測量調査団の結成

早速、測量調査をおこなうことにしたのだが、実現のためには二つの問題があった。一つは調査に必要な費用をどうするか、もう一つは調査に必要な人手をどのように確保するかということであった。

そこでまず、調査団を結成することにした。東北や新潟をフィールドにする古墳研究者に呼びかけて世話人になっていただき、調査の参加者を募集した。集まった調査団総勢五六人。当時の新潟大学教授甘粕健《あまかすけん》氏をはじめ全国的に知られた研究者から学生まで多くの人びとが会津大塚山古墳の全体像を明らかにすることを目的に結集した。まずは調査を担う人は確保できた。

つぎは調査費用の調達である。

調査費用の見通しはまったくなかった。世話人の皆さんにはやや多めに、調査参加者には若干の参加費用は負担していただいたが、まるでたりず、やむを得ず寄付金を募ることになった。わたしは会津若松市の有力者で、理解のある人びとを訪ね募金をお願いすることにした。とはいっても仕事柄、地元経済界の人びとにはほとんど知り合いもいないし、付き合いもない。訪ねてこられた方も驚いたに違いない。なにしろ見知らぬ人間が訪ねてきて、古墳の測量をしたいので募金をお願いしますというのである。

しかし、会津若松の皆さんは温かかった。一カ月ほどかけて市内の経済界の方々をお訪ねし、お願いしたところ、元会津若松市長故高瀬喜左衛門《たかせきざえもん》氏をはじめ多くの方々に快く募金に応じていただき、調査を実行できる準備は整った。

調査計画

古墳の測量図を作成するといっても、読者の皆さんにはなじみがないかもしれない。一般の地形図と同じく等高線によって地形を描き出すのだが、古墳の場合にはこまかい地形を写し取る必要があるため、一般の地形図よりは、はるかにこまかい等高線を使うことになる。図18は一九六四年の調査で作成された測量図である。この図はよく古墳の形をとらえてはいるが、残念ながら、一メートルごとの等高線を用いたために、図の精度が低い。

調査計画を立てるにあたって、調査の中心を担った川村浩司氏、藤沢敦氏と相談して図の精

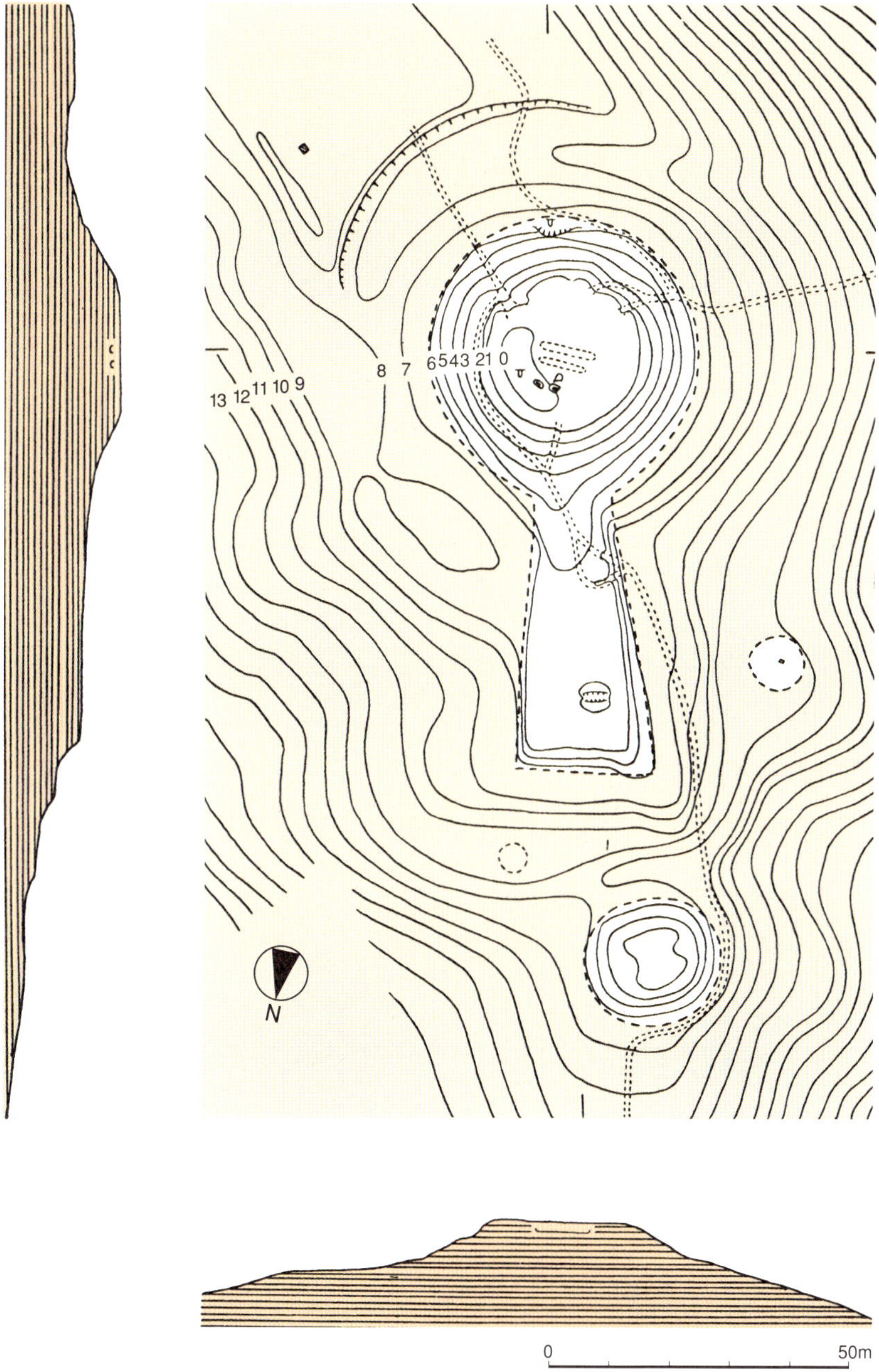

図 18 ● 会津大塚山古墳測量図
1964 年の発掘調査時に作成されたもの。

度を高めるために二五センチごとの等高線を採用するなどいくつかの基本方針を決めた。じつは、原図の縮尺には議論があった。当初、わたしは原図縮尺を二百分の一とするつもりだった。九〇メートルを超える古墳の図を百分の一縮尺とすれば、原図の長さが最低でも九〇センチは必要で、周囲を含めれば一メートルを超えてしまい扱いにくいと思ったからだ。しかし、川村氏の主張により、原図縮尺、百分の一が採用された。これは大正解だった。縮尺百分の一の図は二百分の一の図の面積の四倍になる。この広い面積の図に、こまかい情報を記入することが可能になったのである。

等高線の数も原図の面積も四倍で図面を作成する計画ができあがり、これまでの古墳測量図にもまして精度の高い図面を製作する条件は整った。

古墳の掃除

測量調査開始は一九八八年四月二二日。長い冬

図 19 ● 下から見上げた会津大塚山古墳（東から）
掃除が終了し、再び古墳の姿が見えるようになった。

が過ぎ、いっせいに花々が咲く会津盆地のいちばん美しい季節だった。

調査の最初は古墳の掃除である。発掘調査以来二四年間ほとんど手が入っておらず、雑草は伸び放題で、落ち葉は一〇センチ以上積もっているといった具合なのだ。なにしろ二五センチごとの等高線を描くわけだから、古墳の上によけいなものが積もっていたりすると、図面が不正確になってしまう。古墳の表面にあるよけいなものを全部取り除かなければならない。

古墳の掃除は延々三日間におよんだ。測量に来たはずの調査団が全員で熊手を持ち、ナタをふるって奮闘し、徐々に古墳の全貌が見えてきた。かつては会津若松市民がこの丘を見上げれば古墳の姿が見えたと伝えられる。確かに、掃除が終わったときには、下から見上げれば古墳の雄大な姿を見ることができるようになった（図19）。

このチャンスを逃さず、なけなしのお金をはた

図 20 ●会津大塚山古墳航空写真
プロカメラマン森昭氏が撮影した貴重な写真。

いて飛行機を飛ばした。古墳の航空写真を撮影するためだ。飛行機にはプロカメラマンの森昭氏が乗った。古墳の全体の姿は地上から見ただけでは、なかなかわからない。空からならば前方後円墳の鍵穴形の姿を目にすることができる。故人となられた森昭氏の写真が図20である。森氏は調査団の窮状を知って、無料でこの仕事を引き受けてくださった。いまも会津大塚山古墳の全体の姿を見ることができるのはこの写真だけである。

図 21 ● 測量調査風景
写真右より岸本直文氏、古川一明氏、川村浩司氏、筆者。

宿舎の儀式

清掃が終われば、つぎは作図である。五班に分かれて測量道具を操って、競って図を作成する。経験の少ない学生も多く、中堅どころも普段の発掘調査と違って苦戦することも多かった。しかし、なんとか一日かかって図面を作成し、宿舎にもどると楽しみが待っている。毎日の宿舎の儀式、図面あわせである。

縮尺百分の一で図面を作成しているから、図面全体は長さ一メートル二〇センチ、幅八〇センチの大きさになる。もちろん、こんな大きい図面を作ったのでは取り扱いが不便だから、八枚に分割して班ごとに図面を作成している。夜の儀式はその八枚の図面をつなぎ合わせ、調査

郵便はがき

料金受取人払

本郷局承認

5324

差出有効期限
2008年10月
30日まで

113-8790

377

東京都文京区本郷
2-5-12

〔受取人〕

新泉社

読者カード係　行

◆本書の発行を何でお知りになりましたか？

1. 新聞広告　2. 雑誌広告　3. 知人などの紹介
4. 小社の図書目録　5. 書評　6. 店頭で

◆本書に対するご批評・小社への企画のご希望など…

このカードをお送りくださったことは　ある　なし

★小社の図書目録を差上げますか　いる　いらない

本書名

購入書店名　市区町村

ご購読の新聞雑誌名
新聞　雑誌

あなたのご専門
または興味をお持ちの事柄

ご職業
または在校名　年令　才

〔郵便番号〕
ご住所

ご氏名
ふりがな

●このはがきをご利用になれば、より早く、より確実にご入手できると存じます。

購入申込書　お買いつけの小売書店名と　ご自宅の電話番号を必ずご記入下さい。
ご自宅〔TEL〕

〔書名〕　〔部数〕　部

ご指定書店名

住　所〔区・市・町・村名〕

取次

この欄は書店又は当社で記入します。

この申込書は**書店経由**用です。ご自宅への直送は**前金**で送料一回分290円です。

の進行状況を確認することが目的である。図面に用いた紙が半透明で見えにくいので、白いシーツの上に人一人分の大きさに近い図面をのせて、皆で眺めることになった。

図面を作成し始めたころは空白部分が多くてあまりよくわからなかったが、三日目ぐらいから日ごとに古墳の本当の姿が見え始めた。わたしは一日ごとに会津大塚山古墳が姿を現してくるのを見守っているように感じていた。調査が終盤を迎えるころには、それまでの理解とは大きく違った古墳の本当の姿が白いシーツの上に浮かび上がっていた。

2　新測量図からわかったこと

大きくなった会津大塚山古墳

調査は五月一〇日に終了した。総勢五六人が一九日間かけて作成した図面が図22である。図18の発掘調査当時の図面と見くらべてみると、かなり図面がこまかくなっていることはおわかりいただけると思う。古墳を研究してきたわたしとしては、この図面から新しくわかったことがたくさんあるのだが、ここでは古墳の大きさと形が変わったことと新たに発見された張り出し部について説明しよう。

図22は古墳よりもかなり広い範囲を図に示してある。古墳の測量図の中には、測量した人が古墳と考えた部分だけが描かれることがあるが、それでは測量者だけしか古墳の範囲を考えることができない。図22が広い範囲を対象としているのは、どこから古墳であるかを考えること

ができるよう、配慮しているからだ。

この図を発掘当時の図面と見くらべると、当時理解された古墳の大きさと形は、新測量図のいちばん薄い色の部分とよく一致している。この部分が古墳であることは間違いない。しかし、新測量図をよく見ると、この薄い色の部分の周りには平らな部分があり、さらにその下に斜面が続く。調査団は本当の古墳の範囲はその斜面が終わる場所まで、図の色で塗られた場所の外周部分までと考えた。この場所の高さで古墳を一周すると、どの場所でもちょうど古墳の斜面と外側の平らな部分とがぶつかり、あとは平らになって地形の大きな変化がなくなるからだ。こう考えると、古墳はこれまでの理解よりもかなり大きくなる。図の色の範囲はもともと古墳と考えられていた色の部分とくらべて二倍ぐらいだろうか。古墳の体積も飛躍的に大きいことは明らかだ。新測量図では、会津大塚山古墳の全長は一一四メートルを計測した。発掘当時は全長九〇メートルと考えられたから、全長で二四メートル大きくなったことになる。図で見たように、全長の数字の違い以上に古墳の規模の理解が大きく変わったのである。

規模とともに構造の理解も変わった。古墳の墳丘の中腹に平らな部分があることがわかったのである。色で示した帯状の部分がそれで、テラスと呼ばれる。前方部では墳丘斜面の中腹にテラスがあって、墳丘を大きく二つに分けている。後円部のテラスは明瞭ではなく、調査団でもテラスが一つか二つかで意見が分かれた。測量調査の限界で、くわしくは墳丘の発掘調査を待つしかない。

テラスの確認により、会津大塚山古墳が大型前方後円墳にふさわしい墳丘構造をもっている

◀図22 ● 会津大塚山古墳測量図
56人の19日間の努力の結果、精度の高い図面が完成した。

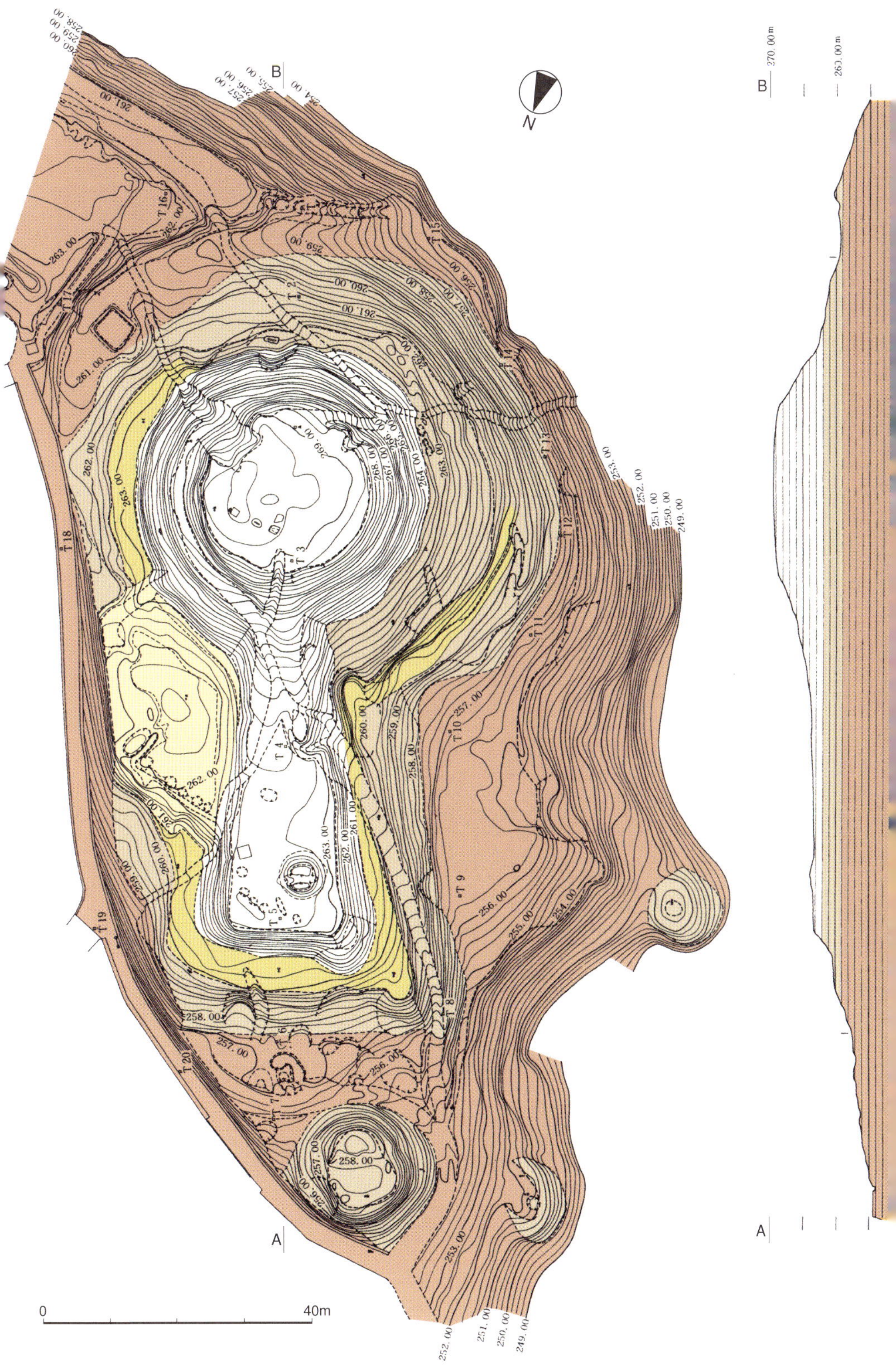

B
A
N
0
40m
270.00m
263.00m
T1
T2
T3
T4
T5
T6
T7
T8
T9
T10
T11
T12
T13
T14
T15
T16
T18
T19
T20
249.00
250.00
251.00
252.00
253.00
254.00
255.00
256.00
257.00
258.00
259.00
260.00
261.00
262.00
263.00
264.00
267.00
268.00
269.00

ことが判明した。墳丘は前方部で二段築成、後円部で二段または三段築成で、大和を含め各地の大型古墳と共通する姿だったのである。図23は測量図から復元した古墳の姿である。市街地にほど近い丘陵の頂上にあった会津大塚山古墳の雄大な姿は、会津盆地に暮らす人びとからよく見えたに違いない。

新発見の張り出し部

測量調査をしながら悩まされた場所がある。古墳東側に後円部から前方部中ほどにつながる土手のような高まりがあるのだ。新測量図の■色の部分である。不整な四角形を呈するこの部分は外周部分が通路のように高くなっていて真ん中はゆるくくぼんでいる。

この不思議な構造は発掘当時もわかっていたようで、図に表現されている。おそらく、このような構造は古墳の墳丘に類例がないので、この部分を古墳の外と考えたのだろう。古墳の範囲を上段部分だけと考えた理由はここにあったのではないかとわたしは推測している。

しかし、じつは同じようなものが確認されていた。新潟市福井（旧西蒲原郡巻町福井）山谷《やまや》古墳である。山谷古墳は、新潟大学甘粕健教授によって発掘調査された古墳時代前期の前方後方墳である。この古墳では同じように後方部から前方部にかけて土手状の張り出しがあり、その中から壺が出土した。調査を担当した甘粕教授は測量調査団の世話人でもあったから、調査団はこの張り出し部を見てすぐに古墳の一部であることを確信した。このような特徴は北陸や越後の方にしか知られていない。これまで大和との関係だけが注目されていたが、じつは、会

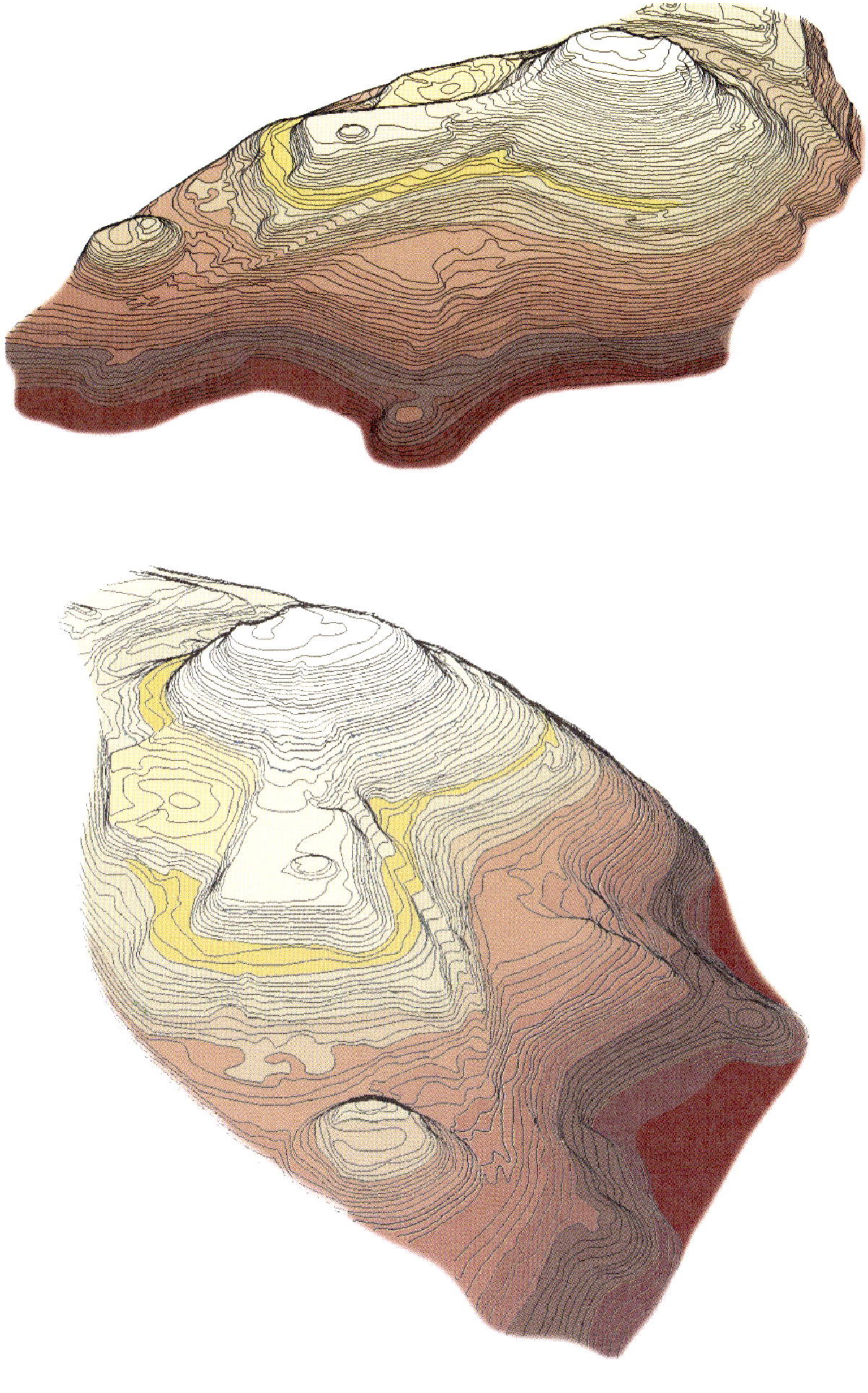

図 23 ●**会津大塚山古墳墳丘の地形復元図**
上：西から、下：北から。
東北学院大学地理学専攻・佐藤博幸氏
による立体復元。

津大塚山古墳の主は北陸や越後との関係もあった可能性が出てきた。調査団では、この張り出し部を掘ると、大和の壺と北陸、越後の土器が出るんじゃないかと、よく話し合ったものだ。ただし、読者諸賢には間違ってもこの場所を掘ってみよう、などとは考えないようお願いしたい。盗掘は厳禁である。

堂々たる大前方後円墳

測量調査の結果、会津大塚山古墳は丘陵の地形をじょうずに生かしながら築かれた全長一一四メートル、前方部二段、後円部二段または三段築成の堂々たる大前方後円墳であることが判明した。発掘調査のときに、古墳全体と判断された全長九〇メートルの柄鏡形は、古墳の最上段の姿だったのだ。測量調査の目標はこの測量図の完成によって十分達成されたのである。

余談になるが、この測量調査は東北の古墳研究者には刺激的だったようで、その後いくつかの測量調査が実施されたり、新しい古墳が発見されるなどの動きがあった。新たな古墳の測量には、二五センチごとの等高線、百分の一の原図縮尺、古墳周囲の地形まで広く図面を作成するなどの会津大塚山古墳測量図での図面作成の原則が採用された。各地の古墳が同じ高い精度で測量され、相互の比較研究が可能になったのである。

白状すれば、古墳の測量は初めての経験だった。試行錯誤の結果、精度の高い図面が完成したときには、会津大塚山古墳の番人として役目を果たせた喜びを感じたものだ。

第3章　ぞくぞくと見つかる古墳群

1　一箕古墳群の発見と調査

会津大塚山古墳の測量調査をしていたら、見知らぬ人に声をかけられた。話を聞いてみると、会津大塚山古墳と同じような大型の前方後円墳があと二つあると言う。場所を聞けば、会津大塚山古墳からもよく見える場所で、一つは白虎隊で有名な飯盛山の頂上、もう一つは飯盛山から沢をはさんで北側の尾根の頂上とのことだった（図24）。

声をかけてきたのは地元で長く古墳の探索を続けてきた萩生田《はぎうだ》和郎《かずろう》氏だった。かなり高い場所にあるとのことでもあり、大型前方後円墳が二基もあるとの話をにわかには信じられず、あらためて古墳の場所に案内してもらう約束をしてその場は終わった。半信半疑、いや正直に言えば疑いの方が大きかったかもしれない。

堂ヶ作山古墳

大塚山古墳の測量調査が終わって一カ月後、測量調査団の中心メンバーが萩生田氏の案内で、古墳があるという堂《どう》ヶ《が》作山《さくやま》の頂上を目指した。

団地の奥にある稲荷神社の小さな社の脇を抜けて、丘陵の尾根を息を切らしながら登ること約三〇分。最後に特別急な坂を登ると突然視界が広がった。

そこは、みごとなぐらい平らな場所で、よく見るときれいな丸い形をしている。草が生い茂り、なかなかまわりが見えなかったが、注意して探すとその場所から見下ろす場所に細長くのびる平らな場所がある。間違いなく前方後円墳だ。それもかなり大きい。案内されて登った調査団全員が確信した瞬間だった。生い茂る木々の緑の隙間から山のふもとを見下ろすと、会津大塚山

図 24 ● 飯盛山からみた堂ヶ作山古墳と会津大塚山古墳
夜明けに飯盛山に登った小野昭氏による撮影。

古墳が間近に見える。古墳は堂ヶ作山古墳と呼ばれることになった。

一箕古墳群

同じようにして飯盛山山頂でも大型前方後円墳が確認された。堂ヶ作山古墳とならんで飯盛山古墳と呼ばれた。会津大塚山古墳と合わせて三基の大型前方後円墳で構成される古墳群を地名にちなんで一箕《いっき》古墳群と呼ぶことにした（図25）。一箕とは箕《み》に一つずつ土を運んで山をつくったという、なかなか意味深長な言い伝えからきた地名である。一箕古墳群は、会津盆地の東南部を治めた三代にわたる王者の墓だと考えられた。

　堂ヶ作山古墳も飯盛山古墳も会津大塚山古墳と同じ勢力によって築かれた一連の古墳で、堂ヶ作山古墳は築かれた場所や形の

図25 ● 一箕古墳群
会津盆地東南部に三代にわたる王者の墓が残されている。

特徴から見て会津大塚山古墳よりも古い可能性がある。これは二つの古墳を確認したときに思ったことだ。ほかのメンバーもおそらく同じように思っていたに違いない。しかし、そのことを明らかにするためには証拠が必要だ。近いうちにこの古墳の測量と発掘調査が必要になる。もうお金は使ってしまったし、どうすれば調査ができるのか。

堂ヶ作山古墳の調査

調査は、思いのほか早く実現した。堂ヶ作山古墳が確認された翌年には、甘粕教授が申請した国の研究費が交付されるとともに、会津若松市教育委員会が、堂ヶ作山古墳を確認したメンバーが訴える一箕古墳群の重要性を認め、調査団と共催の形で、調査費用の一部を負担することになったのである。

調査団には新潟大学、福島大学、東北学院大学を中心に、法政大学、東北大学、東京都立大学、青山学院大学など、多くの大学から学生諸君が参加した。わたしも福島県立博物館から同僚の田中敏氏とともに加わった。調査団は大学生を主体に社会人も加わった混成チームになったのである。

まず測量

最初は会津大塚山古墳と同じく測量調査だ。確認された時は整った形と思われた堂ヶ作山古墳だが、実際に測量してみると違った（図26）。真ん中の□色の部分は割合整った前方後円の

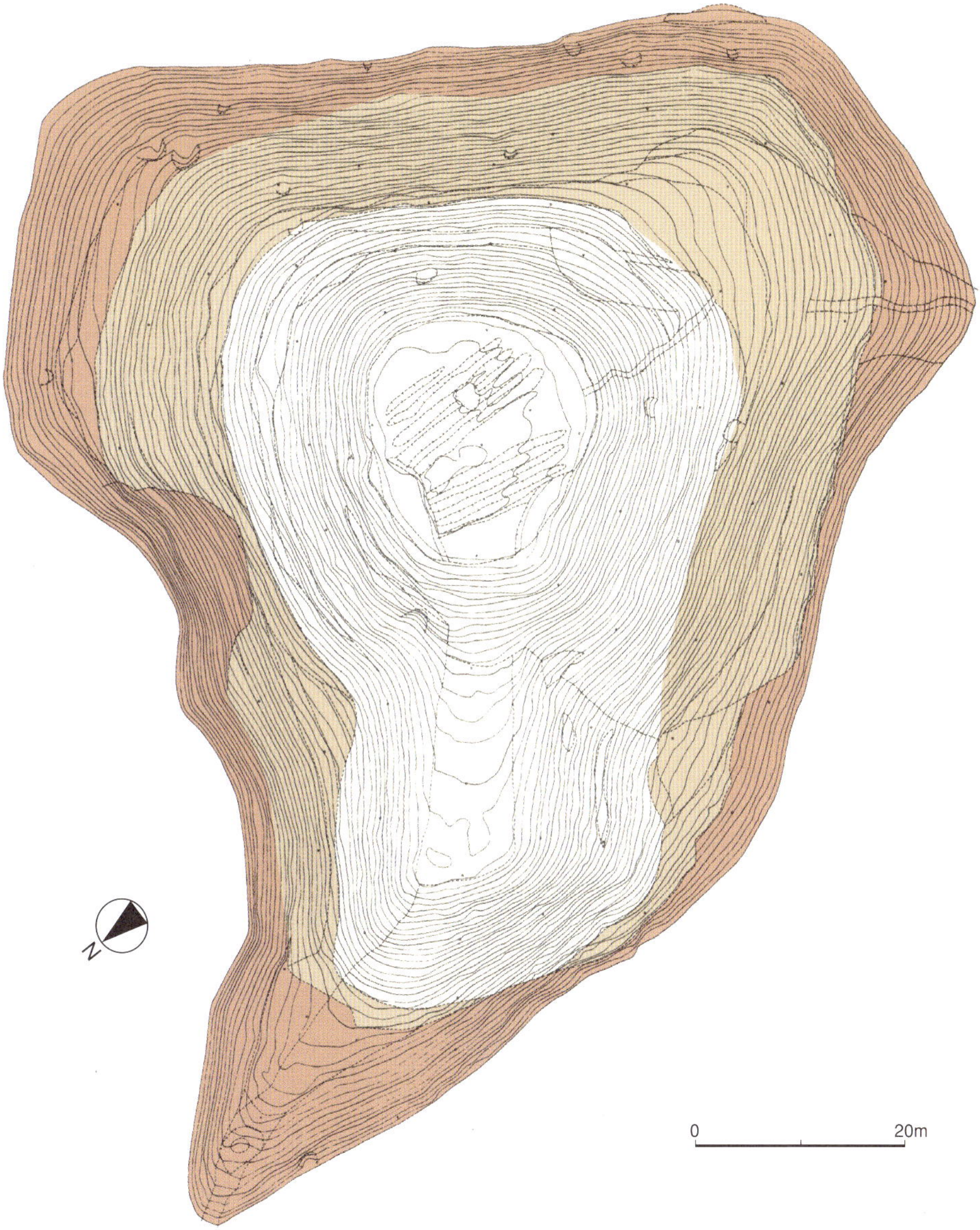

図 26 ● 堂ヶ作山古墳測量図

形なのだが、テラスより下、■色の部分はきちんとした鍵穴形にならない。このような形の前方後円墳は大和をはじめ古墳分布の中心的な地域には知られていない。

続いておこなわれた古墳の形を確認するための発掘調査でも、測量のときと同じ結論だった。また、発掘の結果、堂ヶ作山古墳は墳丘のほとんどが自然の地形を削ることで形をつくられていること、後円部だけには人工の積み土があることがわかった。墳丘にはテラスが巡り、表面を石積みで固めた二段築成の大型前方後円墳である（図27・28）。

図27 ● 堂ヶ作山古墳墳丘の葺石
墳丘のほとんどは、岩を削って形を造られている。盛り土はわずかだった。

後円部を掘る

最終年度の三年目に初めて後円部の中心部分の調査をおこなった。埋葬部分のようすを探るためだ。

掘り始めると調査区の一部に黒い土が現れた。この土にはこまかく割れた土器の破片や鶏の形をした土製品が含まれていた。掘り進めていくと、黒い土はだんだん深い方にのびていく。調査当時は攪乱と考えたが、いまにして思えば、これは陥没坑の可能性がある。この黒い土は古墳の中に埋められた木製の棺が腐って潰れてしまったためにできた穴に落ち込んだものかもしれない（図29）。この調査区の下に木製の棺が存在する可能性が高いと思われる。

調査は三年目で終了した。読者は、なぜ棺を掘らないんだと言われることと思うが、残念ながら調査の体制が整わなかった。

昔とくらべると、現在の発掘調査は格段に精度の高い調査技術を用いた詳細な観察と記録が要求される。最近おこなわれた小さな古墳の発掘で、遺物

図28 ● 堂ヶ作山古墳くびれ部から後円部を望む
森昭氏撮影。調査団員総出で、写真撮影のために古墳の清掃を実施。
合い言葉は“自分の部屋よりもきれいに”。

が少ない棺を掘るのにも三カ月かかった。堂ヶ作山古墳の棺は準備を含めれば一年がかりの調査になるだろう。さらに出土遺物の整理分析には数年かかる。混成チームにできる仕事ではなかったのである。

堂ヶ作山古墳の築造時期

しかし、調査の成果は少なくはなかった。第一に古墳の築造時期を推定することが可能になったことだ。陥没坑内の土からこまかく破砕された土器が出土した。これらの土器は、埋葬が終了し、棺が完全に埋め戻されてしまった後、古墳の上で最後に共に食べ、共に飲むいわば最後の別れのような儀式がおこなわれ、儀式終了後にわざと打ち割ってその場に捨てられたものと考えられている。つまり残された土器は古墳の埋葬が終了したときに使われたものだ。土器は古墳が築造された時期を教えてくれているのだ。

土器は古墳時代前期の中でも古い特徴を持っている。予想に違わず、堂ヶ作山古墳は前期の中でも古い時期の可能性がある。会津大塚山古墳からは土器が出土していないので、直接の比較はできないけれど、会津大塚山古墳より古い古墳のようだ。堂ヶ作山古墳の主は、大塚山古

図 29 ● 堂ヶ作山古墳後円部の陥没坑内土器出土状況
陥没坑だとすれば、この土を掘り進めると、棺があるはず。

墳の南棺に葬られた人物の先代の地域の王者であったと見てよさそうだ。

北陸とのかかわり

ところで、墳丘の調査で判明した堂ヶ作山古墳の形は大和を含めた中心地域に類例がないことは先に述べた。全国的に古墳の形を調べてみると、わずかに北陸に類似する古墳があることがわかった。会津大塚山古墳の東側張り出し部も越後に類例がある。堂ヶ作山古墳と会津大塚山古墳の二代にわたるこの地の王者たちは、大和との関係をもちながら一方で、越後や北陸との関係も、もっていたようだ。

調査で得たもの

堂ヶ作山古墳の調査は、測量調査と三回の発掘調査の合計四回おこなわれ、そのたびに調査団が編成された。一九九五年の三回目の発掘調査では、わたしも福島県立博物館を離れて東北学院大学に赴任していたので、東北学院大学の学生諸君とともに参加した（図30）。同じく当時、福島大学の工藤雅樹《くどうまさき》教授と新潟大学の甘粕健教授、橋本博文《はしもとひろぶみ》助教授が学生諸君とともに参加、調査は各大学がその実力を競い合う場所になった。

夜の宿舎では各大学の大学院生が自分の担当する調査区の進行状況を報告し、翌日の予定を打ち合わせるのだが、進行の遅れているチームには厳しい言葉が飛んだ。遅れているチームは翌朝夜明けとともに古墳に登り調査の遅れを取り戻すこともしばしばだった。

堂ヶ作山古墳は丘陵の一番高いところにある。調査団の朝は、この平地から見ると一〇〇メートル高い古墳への道を登ることから始まる。男子学生諸君は発掘調査の作業のほかに、朝一八リットルの水が入ったポリタンクを背中に担いで古墳への道を登り、昼にはふもとまで届けられる弁当を運ぶために往復しなければならない。苦しい作業なのだが、若い学生諸君は黙々とやり遂げてくれた。

毎日の発掘調査や苦しい作業の中で学生諸君は所属大学を超えて仲良くなっていった。また、わたしも含めて教員のほうも、このときに知り合った各大学の学生諸君には強い信頼感をもつようになり、交流がいまも続いている。堂ヶ作山古墳の調査は学生諸君にとって、大学を超えた学生同士や教員とのつながりを得た貴重な教室となった。

図 30 ● 堂ヶ作山古墳調査団
古墳の前方部にて。学生諸君の中には、現在、各地で大学教員や埋蔵文化財担当職員として活躍する人も多い。

2　宇内青津古墳群の再評価

宇内青津古墳群の測量調査

会津大塚山古墳の発掘調査の後、会津盆地の古墳の研究が進められた。地元の研究者によって、亀ヶ森《かめがもり》古墳、鎮守森《ちんじゅもり》古墳を中心とする一大古墳群の存在が明らかにされた（図31）。宇内《うない》青津《あおつ》古墳群である。

亀ヶ森古墳と鎮守森古墳は、地元では大亀甲《だいきこう》、小亀甲《しょうきこう》とも呼ばれた。この地は会津盆地でもっとも標高が低く、両古墳はしばしば起きる水害のときに並んで浮かぶ大亀、小亀になぞらえられたからだ。亀ヶ森古墳は東北地方の古墳としてはあまりに規模が大きく、水害からの逃げ場として造られたものとの見方もあって、古墳か否か意見が分かれていた。会津大塚山古墳の発掘調査で東北にも大型古墳があることが確認されて、はじめて亀ヶ森古墳は広く古墳として認められた。全長一二七メートル、東北地方第二位の前方後円墳である（図32）。

亀ヶ森古墳が大型前方後円墳であると広く認められてから、地元の研究者生江芳徳《なまえよしのり》氏らが亀ヶ森古墳西方の丘陵一帯で古墳の探索をおこない、丘陵上に多くの古墳が存在することを明らかにした。生江氏らが明らかにした主要な前方後円墳は六基、前方後方墳二基、円墳、方墳多数である。これらの古墳の多くは、生江氏と氏の勤務された会津農林高校の生徒諸君によって測量図が作成され、世に知られた。

測量報告の中で生江氏は、この宇内青津古墳群が古墳時代前期に始まり、後期まで存続する

図 31 ● **会津坂下町古墳群分布図**
宇内青津古墳群の存在は、生江芳徳氏らによる探索と調査により明らかにされた。

一大古墳群で、その最盛期は古墳時代中期にあったと考えられた。会津盆地西部を基盤とした勢力の歴代の主が継続的にこの古墳群に葬られたとするのである。

東北最古の古墳

日曜の夕方、自宅でくつろいでいたときに突然電話をもらった。堂ヶ作山古墳の調査で現場をともにした、当時法政大学大学院の学生澤田秀実《さわだひでみ》氏からだった。ちょうど堂ヶ作山古墳の第一次調査を終えてほっとしていたところで、不意をつかれた思いで受話器を取ると、緊張した声が聞こえた。前方部バチ形の前方後円墳が発見されたというのである（図33）。

前方部バチ形というのは、三味線の

図32 ● 亀ヶ森古墳と鎮守森古墳
方向を揃えて築かれた２基の古墳は、水害のときに水に浮かぶ大亀と小亀に見立てられた。

バチの形のように前方部の先端が開いているという意味だ。古墳の研究者の間では最古段階の前方後円墳の特徴だと考えられている。最古段階の古墳の一つ、奈良県の箸墓《はしはか》古墳などの特徴が前方部バチ形だからだ。つまり、澤田氏は日本でも最古段階の前方後円墳が、会津盆地で発見されたと伝えてきたのだ。緊張するのも無理はない。信じられない思いで、とりあえず調査が再開される翌日に現地に行くことにして電話を切った。翌日現地に駆けつけると、杵《きね》ガ森《もり》古墳の調査にあたっていた澤田氏が待っていて状況を説明してくれた。

調査前の杵ガ森古墳は、楕円形の塚のような姿で、古墳かどうかもわからない状態だった。図33で、草が生えて緑色に見える部分が発掘前に地上に出ていた場所である。地上の形は周囲の水田によって削り取られ、失われていたが、発掘調査で掘り上げてみたら、地下に本来の形が残されていた。

澤田氏の説明は、前方部の後円部と接する部分がくびれて前方部先端がバチ形になっているとのことだった。その説明を聞きながら、古墳の全体の形を観察した。前方部バチ形か否かについては多少議論がありそうだとは思ったものの、古墳の全体の姿や出土した土器の特徴などから見て古墳時代の中でも最初期に近い東北最古の古墳であることを確信した。大和王権が奈良盆地の東南一帯を基盤として、全国に政治的な連合体を築き始めたまさにその最初の段階に築かれた古墳なのである。

それにしても、大和から遠く離れた会津の地にどうしてこんなに古い前方後円墳があるのだろう。全貌が明らかになった杵ガ森古墳を前に、頭の中に繰り返しこの疑問が浮かんだ。全国の研究者も同じ質問をするに違いない。いったいなんと答えればいいのか。

ともあれ、杵ガ森古墳は宇内青津古墳群の中でもっとも南にあり、平地に築かれる点に大きな特色がある。北に臼《うす》ガ森《もり》古墳があり、臼ガ森古墳との間に米《こめ》ガ森《もり》古墳があったと伝えられる。

図33 ● **杵ガ森古墳全景**
発掘前は、緑色の部分だけが地上に姿を現していた。

臼ガ森古墳も後の調査で、やはり古い前方後円墳であることが判明した。失われた米ガ森古墳と合わせて、宇内青津古墳群の南端には、最古段階の三基の前方後円墳が継続的に築造されたことが明らかとなったのである。

埴輪発見

会津にある福島県立博物館に勤務し始めたころ、会津盆地には埴輪はないと地元の研究者に教えられた。わたしも疑いなくそう思っていたのだが、ある日、博物館の収蔵庫で不思議なものを発見した。薄い小さな土器の破片のようなものである。よく見ると赤く塗られていて表面にこまかいすじがたくさん見える。どうも埴輪のようだ。もし、埴輪だとすれば相当古い段階のものに見える。表面には欅壇《けやきだん》と書いてある。ふと亀ヶ森古墳で欅の大木が倒れ、土器が出土したという記録を思い出した。もしかしたら亀ヶ森古墳から出土したものかもしれない。

しかし、もし、亀ヶ森古墳から出土したとすれば、亀ヶ森古墳は埴輪をもつ前期、四世紀の大型前方後円墳

図 34 ● 亀ヶ森古墳出土埴輪
全体の姿はわからないが、古い時期の特徴をもつ。

と考えられることになる。これまでの常識では平地に築かれ、周りに広い濠を持つ亀ヶ森古墳は典型的な中期、五世紀の古墳としか考えられない。

わたしの小さな発見から生じた疑問はまもなく解決した。一九八九年に古墳の地主大熊義衛氏が採集した三点の小さな破片が会津坂下町《あいづばんげまち》教育委員会に持ち込まれ、埴輪だと判定された（図34）。まさにわたしが福島県立博物館の収蔵庫で発見した埴輪と同じものだった。このとき、東北地方第二位の規模をもつ亀ヶ森古墳は、古墳時代前期に築かれたことが明らかとなった。これまでの常識は通じなかったのである。

宇内青津古墳群の全貌

近年、宇内青津古墳群では、杵ガ森古墳や亀ヶ森古墳の埴輪など、新しい発見が相次いだ。生江芳徳氏らによって紹介された宇内青津古墳群は、近年の新しい発見を加えてようやく全体の姿を現そうとしているようだ。

これまでのところ、古墳群を構成する前方後円墳は一二基、前方後方墳三基を数える。会津盆地の西側に連なる丘陵から平地かけて広く分布する。丘陵部には中型、小型の前方後円墳、前方後方墳が分布し、平野部には最古段階の杵ガ森古墳、臼ガ森古墳と最大の亀ヶ森古墳、鎮守森古墳が築かれる（図35）。

前方後円墳一二基のうち亀ヶ森古墳、杵ガ森古墳、臼ガ森古墳、森北《もりきた》一号墳が発掘調査で古墳時代前期の築造と判明しており、そのほかに雷神山《らいじんやま》一号墳、虚空蔵森《こくうぞうもり》古墳、灰塚山《はいづかやま》古墳出《で》

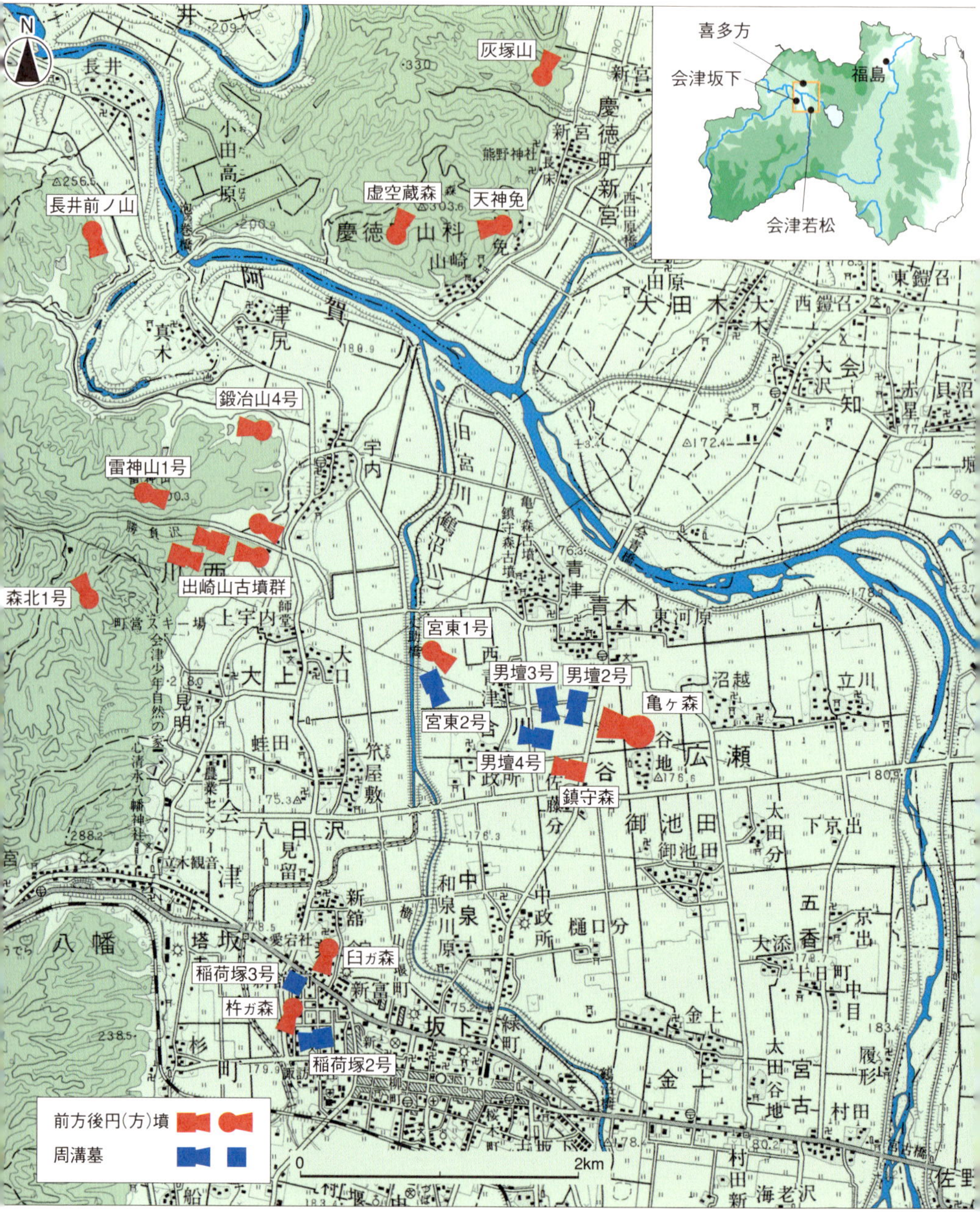

図 35 ● 宇内青津古墳群
会津盆地を南北に流れる大川（阿賀川）が西にぬける場所にある一大古墳群。

崎山《ざきやま》三号墳、七号墳が前期古墳と推定されている。残る長井前ノ山《ながいまえやま》古墳は中期と考えられており、鍛冶山《かじやま》四号墳は後期と推定されている。最後の天神免《てじめ》古墳は立地や形態から、わたしは前期と思っているけれども中期とも推定されており、確定できない。

いずれにしても、宇内青津古墳群の主要古墳のほとんどは前期古墳と考えられる。その始まりは古墳時代でも、もっとも古い時期までさかのぼり、古墳時代前期の後半には福島県域最大の大型前方後円墳が出現し、古墳時代前期を通じて中小の前方後円墳、前方後方墳が継続的に築造されるのである。列島内を見わたしても大和などの中枢部を除けば、古墳時代前期を通じてこれほど継続的かつ集中して前方後円墳、前方後方墳が築かれる古墳群は多くない。

3　第三の古墳群・雄国山麓古墳群

田中・舟森山古墳との遭遇

会津盆地の北東に雄国山《おぐにやま》を望むことができる。民謡で有名な会津磐梯山《ばんだいさん》から連なる雄国山の火口には天然記念物に指定されている湿原があり、ミズバショウ、ニッコウキスゲなどが咲き、ハイキングに多くの人びとが訪れる。

この雄国山の西側山麓に多くの遺跡が分布するが、古墳は少ない。かつて明治大学大塚初重《おおつかはつしげ》教授が測量した深沢《ふかざわ》古墳が、中形前方後円（方）墳として著名で、ほかにごく小規模な前方後方墳と方墳が知られる程度だった。

一箕古墳群や宇内青津古墳群で発見が相ついでいたころ、この会津盆地東北部の雄国山麓でも大型古墳が発見された。田中・舟森山古墳である。

前にも述べたように、このころ、わたしは全国的な古墳調査の一環として会津盆地内の古墳を探していた。じつは舟森山古墳に遭遇した日も調査の一環として、新潟大学甘粕教授といっしょに会津盆地西部の古墳を探索するはずだった。手違いで西部の古墳が探せず、やむを得ず引き返して深沢古墳を見学するために雄国山麓に向かい、喜多方《きたかた》市塩川町《しおかわまち》中屋沢《なかやざわ》の集落に入ったところ、舟森山古墳と書いた石碑が目についた（図36）。甘粕教授もわたしもたいていの古墳は知っているはずだったが、舟森山古墳の名は記憶にない。

二人で階段を上り、頂上に出てみると小さなお宮があり、広場となっていた。古墳の頂上は

図36 ● 田中・舟森山古墳入り口
古墳確認後、発掘調査がおこなわれ、入口のようすが変わった。

平坦な広場になっているのが普通だ。しかし舟森山古墳では一般的な古墳頂上の広場よりもかなり広く、形も整っていなかったので、これは古墳ではないと思えた。引き返そうとしたときに、お宮の周りに土器の破片が散らばっていることに気がついた。拾い集めて調べてみると、土師器《はじき》とよばれる古墳時代の土器で間違いなく古墳時代前期のものだ。

古墳の頂上には、最後の別れの儀式に使われるこまかく砕かれた土器が残されることが多い。拾い集めた土器もまさにそんな状態だった。そうすると、地元の人びとが石碑に刻んだとおり、古墳であることは間違いない。それもかなり大きな古墳だ（図37）。

あとで舟森山古墳から埴輪の破片も発見され、古墳であることは広く認められた。ただ、古墳が集落の中心部にあるため、周囲には隙間なく家が建ち並び、墳丘の外側が削られて変形する

図37 ● 田中・舟森山古墳
中央のお宮と参道のある場所が古墳。前方後方墳か。

など、残念ながら古墳本来の形が失われている。また、頂上の広場が普通の古墳よりもかなり広いことも古墳の頂上付近がかなり壊されていることを物語っていた。

現在の舟森山古墳の墳丘は、高さ七メートル前後で楕円形をしている。ただ、付近の地形をこまかくみると、前方部があった可能性が高く、本来は前方後円墳または前方後方墳であったようだ。そのどちらなのか、規模はどのくらいかを正確に知るには発掘調査を待つしかない。現状では、長さ七〇メートルを超える大型の前方後方墳の可能性が高いようだ。この推測が当たっているとすれば、東北地方でも最大の前方後方墳の一つになる。また、塩川町教育委員会で試掘調査をおこなった結果、木棺を覆ったと見られる粘土が確認された。粘土槨とよばれるタイプで、東北各地の大型古墳と同じ埋葬方法が採用されているようだ（図38）。

図38 ●田中・舟森山古墳調査状況
まん中の赤い楕円形の部分が、棺をくるんだ粘土。

図 39 ● **雄国山麓古墳群**（西上空から）
前方後方墳と方墳で構成される古墳群。

雄国山麓古墳群

田中・舟森山古墳が古墳時代前期の大型前方後方（円）墳と判明する一方で、生江芳徳氏らによって、一辺約二〇メートルの比較的大型の方墳も発見された。観音森《かんのんもり》古墳である。これにこれまで知られていた深沢古墳、十九壇《じゅうきゅうだん》古墳群を加えると、雄国山麓にも古墳時代前期を中心とする古墳群が存在することになる。雄国山麓古墳群である（図39）。

深沢古墳、舟森山古墳ともに確定はしないが、前方後方墳とする推測があたっていれば、雄国山麓古墳群は前方後方墳と方墳で構成されることになる。一箕古墳群が前方後円墳だけで構成され、宇内青津古墳群が両者混在するのと、また違っていて興味深い。

雄国山麓古墳群の存在から、古墳時代前期の会津盆地北東部に他とくらべて、大きくはないが第三の勢力が独自の古墳群を継続的に営んでいることが確認されたのである。

4 古墳時代前期の会津盆地

会津大塚山古墳の発掘調査により、東北地方にも前期古墳があることが明らかにされて以後、東北各地で古墳の探索がおこなわれ、会津盆地でも多くの古墳が発見された。そして特に、福島県立博物館に勤務していた一九八〇年代後半から九〇年代にかけては、まさに発見の時代だった。

古墳時代を専門に研究しているわたしにとっても驚きの連続で、ひたすら古墳の調査、探索に没頭した。わたしがあまりにも調査に出歩くもので、本務をおろそかにすると博物館でお叱りをこうむる始末だった。

会津盆地の古墳の特色

そうこうしているうちに、会津盆地内の古墳の様相がほぼわかってきた。かつてはめぼしい古墳はないと考えられていた会津盆地だが、実際には東日本でも有数の古墳が密集する地域だった。そして会津盆地に分布する古墳には大きな特色があった。

図40をみてほしい。東西に長い会津盆地の中で古墳が集中して分布するのは三カ所、盆地東南部の一箕古墳群、西部の宇内青津古墳群、北東部の雄国山麓古墳群である。最大の特色はそれぞれが前期を中心に継続して古墳群が営まれ、その中に東北地方でも最大級の古墳が含まれていることにある。

一箕古墳群の会津大塚山古墳が全長一一四メートル、東北地方第三位、宇内青津古墳群の亀ヶ森古墳が全長一二七メートル、東北地方第二位の規模であり、雄国山麓古墳群の田中・舟森山古墳は推定が正しければ、東北地方最大の前方後方墳の可能性がある。古墳時代前期後半には全国的に大型古墳が登場するが、会津大塚山、亀ヶ森のいずれもこの時期に大和を除く各地に登場する大型古墳とくらべても遜色はない。

糠塚古墳
宇内青津古墳群
灰塚山古墳
天神免古墳
長井前ノ山古墳
虚空蔵森古墳
雷神山支群
鍛冶山支群
亀ヶ森古墳
出崎山支群
鎮守森古墳
森北支群
臼ガ森古墳
杵ガ森古墳
雄国山麓古墳群
観音森古墳
田中・舟森山古墳
深沢古墳
十九壇古墳群
一箕古墳群
堂ヶ作山古墳
会津大塚山古墳
飯盛山古墳
田村山古墳

図 40 ● 会津盆地の古墳分布図

王者の墓の系譜

また、各古墳群ともに地域を束ねた有力者、首長の墓の系譜をたどることができる。

一箕古墳群では、堂ヶ作山古墳が会津大塚山古墳に先行する首長墓であることは確実である。飯盛山古墳は会津大塚山古墳、堂ヶ作山古墳との先後関係はわからないが、首長墓であることは間違いない。一箕古墳群では三代にわたる地域の王者の墓をたどることができる。

一方、宇内青津古墳群では、亀ヶ森古墳は古墳時代前期後半に君臨した盆地西部の王者の墓であることは間違いない。また、この古墳群の最初の王者は杵ガ森古墳に葬られていると見られる。他に雷神山一号墳、虚空蔵森古墳、灰塚山古墳などが首長墓の可能性がある。代々の王者の墓を正確にたどることは難しいが、古墳時代前期の古い時期に始まり、亀ヶ森古墳に至る数代の王者の墓の系譜をたどることができる。

最後の雄国山麓古墳群は未確定な部分が多いが、田中・舟森山古墳を盟主に、深沢古墳、観音森古墳が首長墓の可能性がある。

どうやら、会津盆地には古墳時代前期に三つの有力な勢力が併存していて、それぞれが個性的な古墳群を継続して築造していたようだ。見るべき古墳はないと考えられていたころにくらべ、会津盆地の古墳時代の姿は一変してしまった。しかし、どうして大和から遠く離れた会津盆地にこのようなことが起きるのだろう。

第4章　北陸からきた土器

1　土器は語る

土器からの情報

博物館に勤務していたころ、わたしはよく解説員の皆さんに一般の人と考古学者を見分ける方法を伝授したものだ。博物館の解説員としては、専門の考古学者に仕事とはいえ考古学の説明をしてしまい、恥ずかしい思いをすることがあるからだ。

見分ける方法は簡単で、展示してある土器または石器の前を長い時間離れず、上からのぞき込み、下から見上げ、後ろに回ってはぶつぶつ何かつぶやく人物は間違いなく考古学者だ。中にはガラスがあるのを忘れてのぞき込み、額をドンとケースにぶつける人までいる。

なぜそうなるかと言えば、考古学者は土器や石器からいろいろな情報を読み取ることができるからだ。土器の文様や形から土器が作られた時代や土器作りの方法を読み取り、土器の中に残されたお焦げから煮炊きの方法を知ることができる。それがおもしろくて、夢中になるから額をぶつけてしまうのである。

かく言うわたしも土器は大好きである。そして、なぜ会津盆地にたくさんの古い古墳があるのかという大きな疑問を解決する糸口も土器が教えてくれた。土器が語る古代社会のようすを聞いてみよう。まずは古墳時代の直前、弥生時代からだ。

土器が語る東北地方の弥生時代

東北地方の弥生土器は、西日本の研究者には弥生土器に見えないらしい。土器の表面に縄文があり、形も縄文土器の伝統を受け継いでいるからだ（図41上）。土器が示すように、東北地方の弥生社会は縄文時代の伝統を色濃く残す社会のようだ。米作りは受け入れるけれど、信仰や葬送の儀礼などは縄文社会から引き継がれている。

それでも、東北の弥生土器からは徐々に縄文が失われていき、西日本の弥生土器に近づいていく（図41中）のだが、弥生時代の終わりごろになると突然もう一度縄文を多く使う土器に変わってしまう（図41下）。

土器の変化は生活の変化をあらわしているようで、このころ東北の弥生社会は米作りから、もう一度縄文時代以来の狩猟、漁撈に生活の基盤を移すようだ。その背景には、このころ気候が悪化し、寒冷化することがあると言われる。寒い中では米作りを継続するのは難しかったからで、昔も今も東北地方の米作りは気候に大きく左右されることに変わりはないようだ。

このような状況の中で、東北の弥生社会は順調に発展するわけではない。教科書で習うように、米作りを基盤に小さなクニができ、クニを支配する王者が登場するという発展の仕方は西日本の弥生社会のことである。東北の弥生社会では、米作りを基盤とする社会はいったんはできるが、弥生時代の終わりころには気候変動の中で集落は小さくなり、米作りも縮小するので

弥生前期の土器（岩尾遺跡出土）

弥生中期の土器（宮崎遺跡出土）

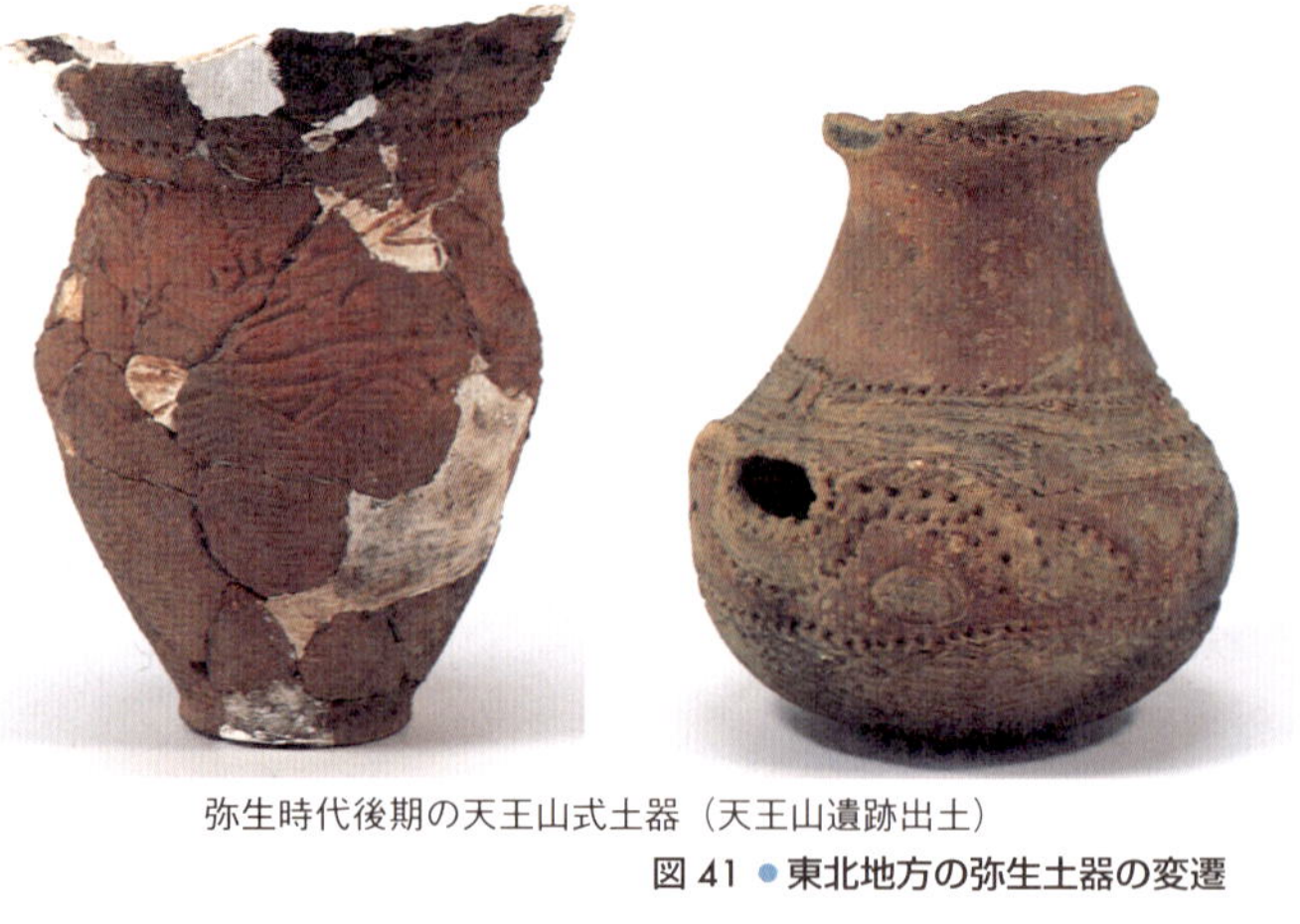

弥生時代後期の天王山式土器（天王山遺跡出土）

図 41 ● **東北地方の弥生土器の変遷**

ある。西日本の弥生社会とは違って戦争が起きたようすはないし、地域を支配する王者が登場した証拠もない。

東北地方では、古墳時代の直前になっても、やがて古墳を築くようになる有力者は出現していないようだ。弥生時代が順調に発展して古墳時代になるという図式は、東北地方ではあてはまらないのだ。それでは、いったいなぜ東北地方に古墳時代前期の古墳があるのか、そして会津盆地に前期古墳が集中して築かれるのはなぜか。疑問は深まるばかりだ。

見知らぬ土器

弥生時代に有力者がいるようすがないのに、古墳時代前期にはたくさんの古墳が築かれている。この不思議な状況を考える手がかりは、やはり土器にあった。

会津大塚山古墳の測量調査を終えたころ、会津盆地の西部一帯で、圃場《ほじょう》整備事業がおこなわれていた。大型農業機械を使用して効率的な稲作をおこなえるように、水路を確保し、水田の一枚あたりの面積を広くするのである。このため、圃場整備事業では大きく地形を変えてしまうことになり、地中に残された遺跡は壊されてしまうことになる。日本の社会では、このような場合、工事に先立って、壊される遺跡の発掘調査をおこなうことが義務づけられている。遺跡は破壊されてしまえば永遠に復元することはできないからだ。

会津盆地西部の圃場整備事業でも多くの遺跡が破壊される前に発掘調査されたのだが、その一つ、会津坂下町宮東《みやひがし》遺跡から不思議な土器が出土した。

当時、わたしはこの不思議な土器一個体分の破片をお借りして、福島県立博物館の机の上で接合作業をしていた。接合というのは立体版のジグソーパズルのようなもので、土器の破片を組み合わせながら本来の形を復元する作業である。

少しずつ、破片の組み合わせがわかってきて、全体の形が見えてきたときに考え込んでしまった。この土器の特徴は、底が小さく尖り、上に行くほどふくらみ、いったんすぼまったあと、口の部分が上に伸びる形にある。口の部分よりやや下に描かれた点を連ねた文様が印象的である(図42)。学生時代以来約二〇年間も東北地方の土器を見てきたわたしにとっても、この土器は、見知らぬ土器だったのだ。

能登の土器

東北地方では、ほかに同じような姿の土器を見つけられなかったので、少し範囲を広げて調べてみると、どうやら新潟県も含めた北陸地方によく似た土器があるらしいことがわかってきた。私も北陸地方に出かけ、実際に見てみると確かに似ている(図43)。

図42 ● 宮東遺跡出土甕
東北地方では見かけない土器の姿。

図43 ● 能登・徳前C遺跡出土甕
宮東遺跡出土の甕とよく似ている。

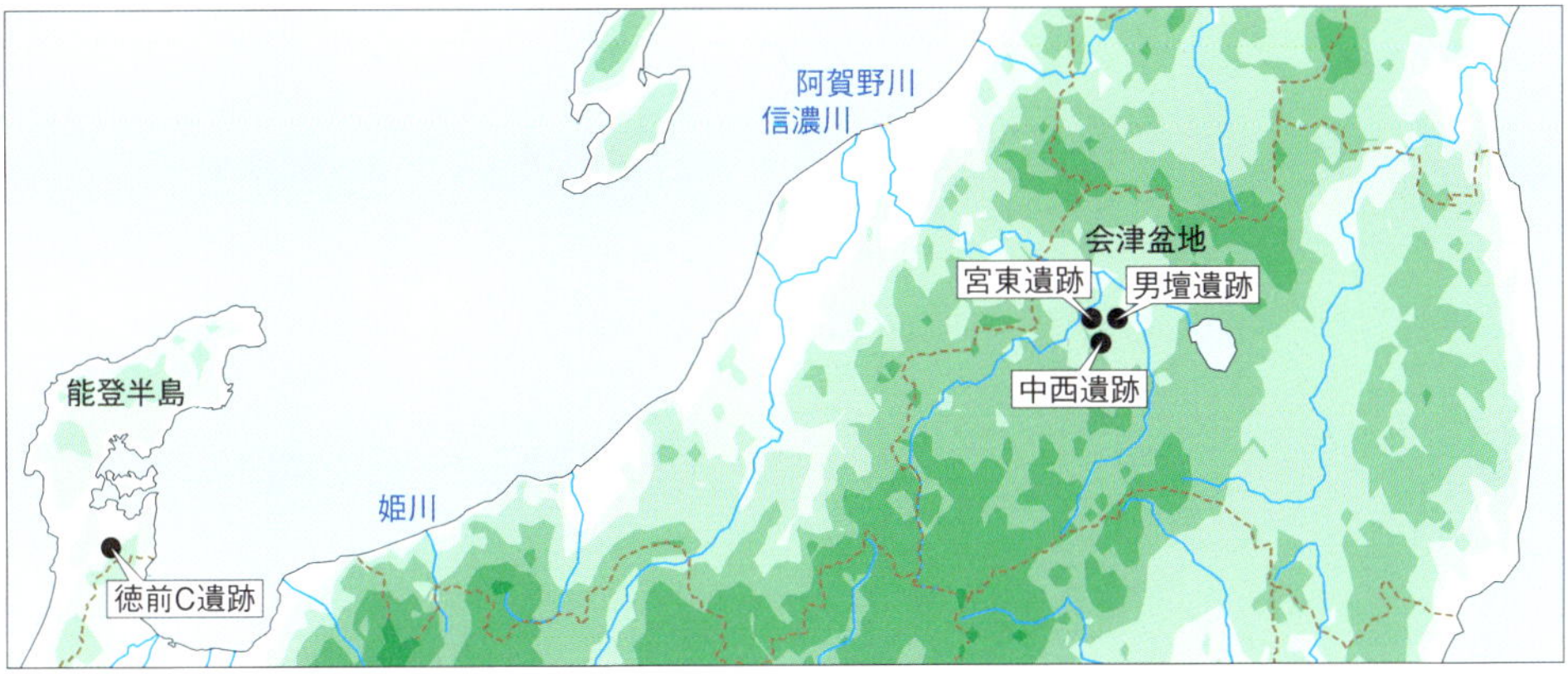

図 44 ● **会津の土器と能登の土器**
会津の土器：上の甕・中西遺跡出土、下の甕・桜井遺跡出土、器台と直口壺・稲荷塚遺跡出土
能登の土器：徳前C遺跡出土

結局、北陸地方の研究者にもいろいろと教えていただき、最終的には宮東遺跡から出土した不思議な土器は、北陸地方の中でも能登の土器にもっともよく似ていることがわかった。

会津盆地に能登地域の土器とよく似た土器があるということがわかってから、よく見てみると宮東遺跡から出土したほかの土器や、同じころ発掘調査された会津坂下町男壇《おだん》遺跡、中西《なかにし》遺跡出土土器も同じく能登地方の土器とよく似ていることは一目瞭然だった。

目から鱗が落ちるという言葉のとおりで、あらためて見直してみると、これまで会津盆地で出土している弥生時代終末から古墳時代初めの土器群には、かなりたくさんの北陸北東部に起源をもつ土器が含まれていることがわかったのである（図44）。

会津盆地の中では、北陸北東部起源の土器は新来の要素だ。この地域伝統の土器群の中に突

図45 ● 中西遺跡全景
家の間取りまで、北陸地方と共通していた。

然出現し、つぎの時代にはこの新来の土器群が主流をしめるようになるのである。そしてこのような変化は土器だけではなかった。

能登起源の土器の集落

会津盆地西側の圃場整備に先立つ調査で、北陸北東部起源の新来の土器群がまとまって出土した遺跡がいくつか発見された。この土器群の由来がわかってみれば、遺跡がどのようなものなのかが大きな問題となる。新しい土器群が、なぜ会津盆地に登場したのかを考える重要な手がかりとなるはずだからだ。

会津坂下町中西遺跡は宇内青津古墳群の主墳亀ヶ森古墳の西側約六〇〇メートル、まさに目と鼻の先の至近距離にある集落遺跡である。会津盆地西側の圃場整備事業に先だって調査された遺跡の一つだ（図45）。

調査当初は、一般的な古墳時代の集落と思われた。しかし、能登の土器を頭に置いて出土した土器群をよく観察してみると、驚いたことに出土した土器すべてが能登起源の新来の土器であることがわかった。図46を見ていただきたい。図41の東北地方伝統の弥生時代後期の土器と見くらべれば一目瞭然。土器の姿、形も違っていれば

図46 ● 中西遺跡出土土器
壺形の土器で縄文をもたず、赤く塗られている。

器の種類もまったく違う。中西遺跡出土土器には縄文も、文様の装飾もない。表面の色も赤く、土器の焼き方にも違いがあるように見える。

考古学では土器の姿、形から時間を推しはかる方法が研究されてきた。あらかじめ地域ごとに時間の経過につれて土器がどのように変化をするのかを調べておき、新たに出土した土器とくらべて時間を割り出す、編年という方法である。この方法を中西遺跡出土土器群に適用すると、弥生時代の終末ないし古墳時代のごく初めごろと考えられた。

ところで、図47は東北地方伝統の弥生時代終末の土器である。図41の土器によく似ていて、やや暗い色調で、表面には縄文があり、文様もある。この土器と中西遺跡の姿形がまったく違う土器が、同じ時代の同じ地域に共存することになる。

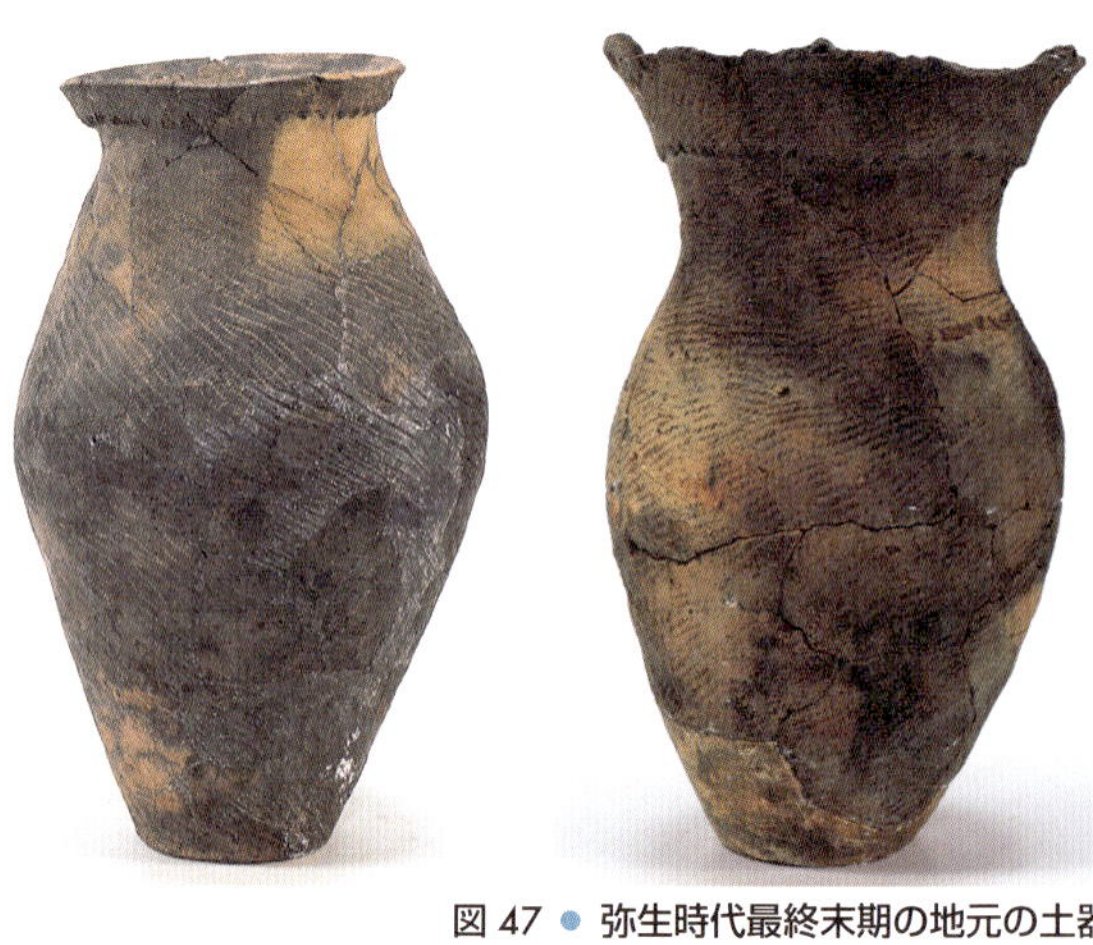

図47 ● 弥生時代最終末期の地元の土器
左:いわき市・八幡台遺跡出土
右:会津若松市・屋敷遺跡出土

2 北陸北東部からの人びとの移住

住居も北陸起源

一方、住居の方にも違いがあることがわかってきた。この時代の住居は、地面を五〇～七〇センチぐらい掘り込み、上屋をかけるもので、竪穴住居とよばれる。発掘調査では、掘りこまれた地下の部分だけが発見されるのが普通である。地上の部分はわからない。

中西遺跡では、竪穴住居の跡が六棟分発見された。六棟の中には建て替えられたと見られる住居が一つあるから、本来は五棟で一つのムラだったのかもしれない。地下部分は全部正方形で、ほとんどは床面積二〇平方メートル前後で比較的小型だが、建て替えられた一棟は四〇平方メートルを超える大型で、あるいはこの集落のリーダーの住まいになるのかもしれない。

注目されるのは、家の中の決まった場所に貯蔵のために使われた穴があることだ。貯蔵穴とよばれるこの施設は現在の家で言えば、床下収納にあたるものだ。決まった場所に貯蔵施設があるということは、家の中の使い方が決まっていることを示している。現代の家の間取りが現代人の暮らし方を示しているように、この貯蔵穴は中西遺跡に住んだ人びとの暮らし方をよく伝えてくれる。

このような家の特徴は、東北地方の伝統的な家の姿とはかなり違っている。東北地方の弥生時代終末に作られる住居は地下部分が隅の丸い長方形で、このような貯蔵穴なども確認されていない。おそらく、上屋の構造も違うから、ムラの景観も大きく違うのだろう。

土器と同じく、竪穴住居も東北地方伝統的なものとは違っていた。それではそのルーツはどこか。これも土器と同じく北陸地方にあった。竪穴住居の形や屋内施設の特徴が共通している。つまり、中西遺跡に住む人びとと北陸地方中でも北東部の人びとは、同じ暮らし方をしていた可能性が高いのである。それでは共通する土器を使い、共通する暮らし方をする人びとが営む

図 48 ● **男壇遺跡全景**
会津盆地最大の亀ヶ森古墳のすぐ西側にある。

図 49 ● **宮東遺跡全景**
東 300 m の場所に中西遺跡がある。中西遺跡に住む人びとの墳墓の可能性がある。

墳墓はどんなものなのだろうか。

男壇遺跡、宮東遺跡の方形周溝墓

中西遺跡と同じく圃場整備事業関連で調査された会津坂下町男壇遺跡、宮東遺跡では周溝墓と呼ばれる墳墓が発見された（図48・49）。

周溝墓とは耳慣れないことばだが、墓の周囲に溝を掘り、掘り上げた土を真ん中の掘り残した部分に積み上げて造るお墓のことだ。方、円、前方後方などの形があり、方形周溝墓は大和で、前方後方形周溝墓は尾張地方で発達したと言われる。

男壇遺跡では、前方後方形周溝墓三基と方形周溝墓一基が発見され、宮東遺跡では前方後方形周溝墓一基、前方後円形周溝墓（古墳？）一基、円形周溝墓二基が発見された。宮東遺跡から出土した前方後円形周溝墓はすでに墳丘は失われてしまっているが、あるいは前方後円墳と考えるべきかもしれない。

墳丘や周壕からは能登地方に起源のある土器群がまとまって発見された（図50）。中には赤く塗られた大型の壺（図51）もあり、墓の内外で埋葬のための儀礼がおこなわれていることを示している。

わたしはこれまで東北地方の弥生社会に周溝墓は存在しないと考えてきた

図50 ● 男壇遺跡出土土器群

し、そのように著作で書いてきたので、周溝墓の発見には驚かされた。東北弥生社会の墓は縄文時代の伝統をひく集団墓であり、特に大型の墓や豊かな副葬品をもつ墓は知られていなかった。この伝統の中から大和や東海のような周溝墓が生み出されるとは考えられなかったからだ。

しかし、発見された周溝墓群は明らかに東北地方の伝統とは異質だった。男壇、宮東遺跡は中西遺跡のすぐ近くにある。おそらく中西遺跡に住む人びとの墓が含まれているのだろう。中西遺跡は北陸地方と共通する土器を使い、共通の暮らし方をする人びとのムラである。この人びとの営む墓もまた、東北地方弥生社会の伝統とはまったく違う墓であった。墓の形も、北陸地方に分布する周溝墓と大きな違いはない。出土土器が北陸起源のものであることと合わせ、家、墓ともに共通のものと考えることになる。

土器が語るところによれば、弥生時代終末期から古墳時代初期にかけて、会津盆地の西部に使用する土器、家の使い方、埋葬の仕方が北陸地方と共通する人びとが住んでいることになる。

これは人の移動としか考えられない。会津盆地にはこの時期に北陸北東部から人が移住してきたことは間違いなさそうだ。

図 51 ● 男壇遺跡出土二重口縁壺形土器

第５章　会津盆地の古墳時代

１　突然の変化

つながらない弥生時代と古墳時代

弥生時代終末には列島全体の気候が、冷涼になっていったことを各種のデータが教えている。会津盆地を含め東北地方全域で、生活の基盤を稲作から縄文以来伝統の狩猟、漁撈、採集に戻し、気候変動に対応しようとしていたと考えられている。教科書で教える弥生社会の発展と古墳を築く社会への動きは東北地方では見られない。一方、会津盆地ではその直後に古墳が出現し、古墳時代前期のうちに、盆地内では三地域で支配者が葬られた古墳が継続的に営まれ、その周囲にも多くの中小古墳が築かれる。弥生時代の社会の変化と古墳の登場との間がうまくつながらないのである。

集団の移動

この矛盾した状況を説明するキーワードは、土器が語るところの人の移動である。

考古学の資料で人の移動を説明するのはなかなか難しい。土器や石器は人の手によって運ばれ、移動するから、土器や石器が離れた場所でよく似ていても人の移動を示すとは限らないからだ。しかし、会津盆地の場合は、土器に加え、家、墓までもが北陸北東部と共通し、前の時代とはまったく違う特徴をもっているから、人の移動は間違いなくあったと言える。

どのくらいの人びとが北陸から会津盆地にやってきたのだろう。中西遺跡のような集落や、男壇、宮東遺跡などの周溝墓が発見される遺跡の数からみて、五人や一〇人ではなく、一〇〇人を超えることは確かだ。全体のようすから見て個々バラバラにではなく、集団としてやって来ているようだ。

新来の人びととの交流の中で

もともと会津盆地に暮らしていた人びとと、新来の集団がどのような関係だったのかはよくわからない。伝統的な東北の弥生土器と新来の土器がいっしょに出土することがあるから、両者のあいだには交流があったことは間違いない。支配、征服という考えもあるかもしれないが、わたしは在地の人びとが新来の人びととの交流の中で新来の文化を受け入れ、両者あわせて新たに西日本弥生社会と共通する社会が築き上げられたと考えたい。

新来の集団を受け入れた後、会津盆地内に急速に集落が増加する。西日本社会の組織的な稲作技術をもって再度会津盆地で稲作が広くおこなわれ、社会が安定した結果だろう。ここに、はじめて会津盆地にも地域を支配する王者が登場した可能性が高い。このような社会が、次の時代の古墳築造を担うことになる。

2　古墳の出現

新たな社会

会津盆地に新たな社会が根づいたのは、弥生時代の最後のころだったと考えられている。大和でもまだ、形の定まった前方後円墳は登場していない。このころの会津の墓は低い盛り土をもつ周溝墓だ。男壇遺跡、宮東遺跡の調査の後、周溝墓の発見が相つぎ、会津盆地の西部を中心に広く分布していることがわかってきている。

じつは、会津盆地の平地に築かれた古い古墳の周囲には周溝墓がたくさんあることが多い。最古の古墳の一つと見られる杵ガ森古墳はまさにその典型的な例だ。稲荷塚遺跡の周溝墓と杵ガ森古墳の築造順序には議論があるが、わたしは周溝墓が古く、杵ガ森古墳がその後に築かれたと考える。周溝墓の中に古墳が登場するのだ（図52）。

同じようなことは、宮東遺跡の前方後円墳（周溝墓）や亀ヶ森古墳、鎮守森古墳と男壇遺跡の周溝墓との関係でも見て取ることができる（図53）。会津盆地で古墳を築き始めたのは周溝墓を営む人びとのようだ。

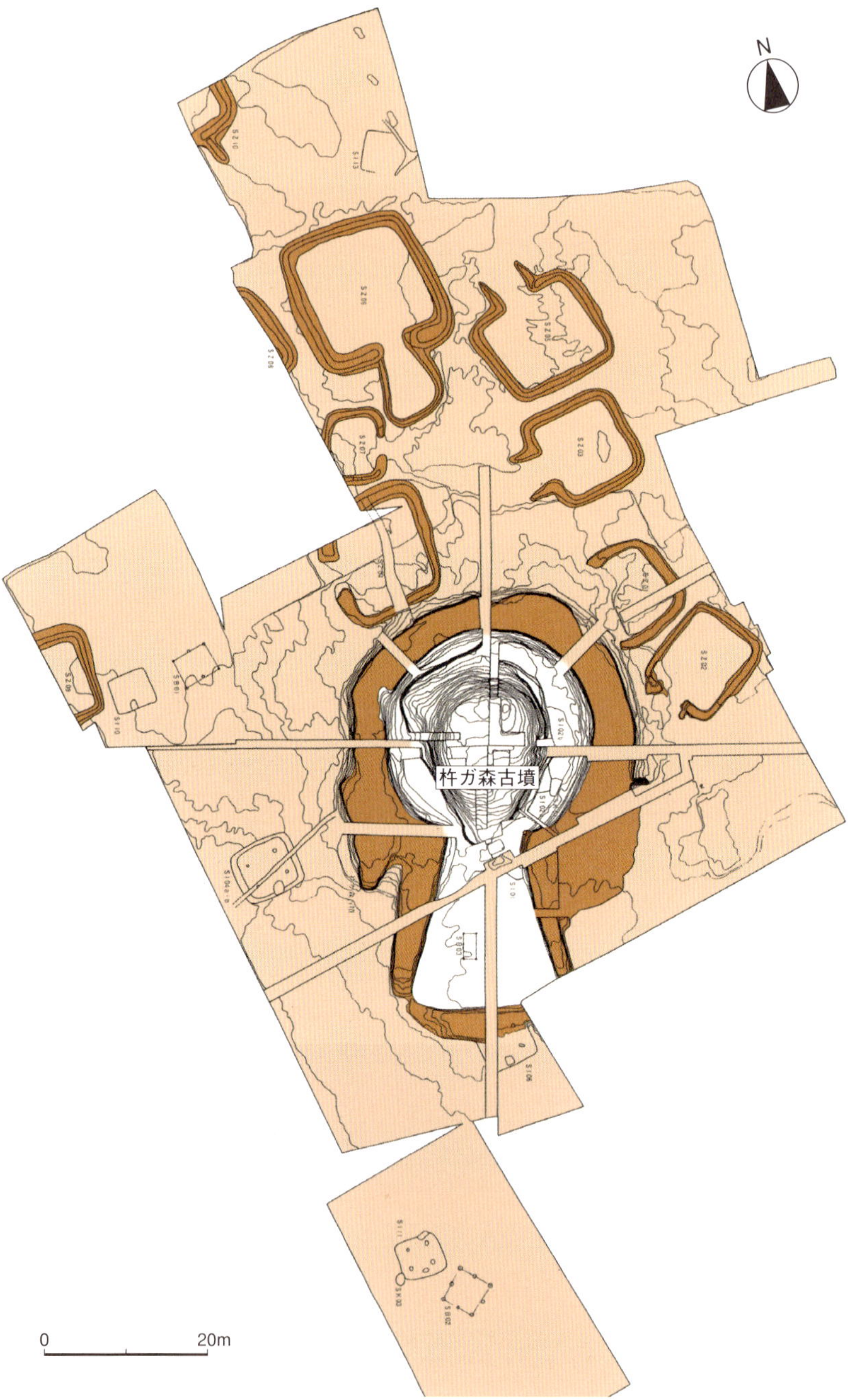

図 52 ● **杵ガ森古墳と稲荷塚遺跡の周溝墓**
周溝墓群の中に、前方後円墳が出現するようすが見てとれる。

大和王権のネットワークの中へ

それでは、周溝墓をみずからの墓とする人びとが、なぜ自分達の伝統的な墓に加えて前方後円墳や、前方後方墳を築くようになったのだろうか。

会津盆地に、能登地方からの新来の集団が現れ、社会が大きく変わったころ、大和には大型前方後円墳が登場する。その出現をめぐっては諸説あるが、大和王権が弥生時代の墳丘墓の諸要素を受け継ぎながら、古代中国の思想や技術を取り入れて新たに作り出したとする考えが有力である。初期の大和王権は、急速に全国的に政治的な連合体を作り上げ、その連合体の一員であることの証としてみずから作り上げた前方後円墳を築造することをもとめたようだ。

もともと、会津盆地の新来の集団は西日本的な弥生社会の中で活動し、その情報

図53 ● 男壇遺跡から亀ヶ森古墳をのぞむ
後の調査で、周溝墓は亀ヶ森古墳の周縁近くまで広がることがわかった。

ネットワークの中にあったから、このような大和の急速な動きを知っていたはずだ。彼らにとって大和王権の連合体に入ることは、みずからの勢力の後ろ盾を得るとともに、大陸からもたらされる新来の文化や新たな情報を得る窓口を手に入れることになる。九州から東北にいたる全国各地の勢力と同じように会津盆地でも三つの勢力が前方後円（方）墳を築き、大和と同じ葬儀を取り入れることによって大和王権を中心とする政治的なネットワークに参加することにしたのだろう。

かつて古墳は、中心の大和から少しずつ周囲に伝わっていったと考えられた。そのため、東北の古墳は姿形が古い形のものでも、大和から遠い東北の地にあれば伝わっていく時間を考慮して、二〇〇年ぐらいは新しいと考えられた。しかし、実際に出土土器などを詳しく調べていくと、古い形の古墳からは、古い時期の土器が出土する。つまり東北の地にあっても古い形の古墳は、古い時期に築造されたことが明らかになってきた。遠い東北の地に古い古墳が築かれたのは、古墳が文化のように徐々に広がっていくものではなくて、大和王権を中心とする連合体に参加するというきわめて政治的な理由によるからなのだろう。

3　大型古墳の時代

三つの勢力の王者たち

古墳の出現以降、会津盆地では、宇内青津古墳群、一箕古墳群、雄国山麓古墳群が継続して営まれる。やがて古墳時代前期の後半、実年代にして四世紀の中ごろだろうか、それぞれの古墳群に最大の大型古墳が登場する。宇内青津古墳群では亀ヶ森古墳、一箕古墳群では会津大塚山古墳、雄国山麓古墳群では田中・舟森山古墳である。

会津大塚山古墳に葬られた人物が、大和王権と政治的な関係を取り結んだ人物であったことは先に述べた。亀ヶ森古墳の埋葬部は未調査だが、古墳の規模から見ても、かなり有力な勢力を束ねた人物であったことは間違いない。田中・舟森山古墳の規模は確定しないが、推定されている全長七〇メートルが正しいとすれば、東北最大級の前方後方墳になる。部分的な調査で、木製の棺を粘土でくるんだ粘土槨とよばれ

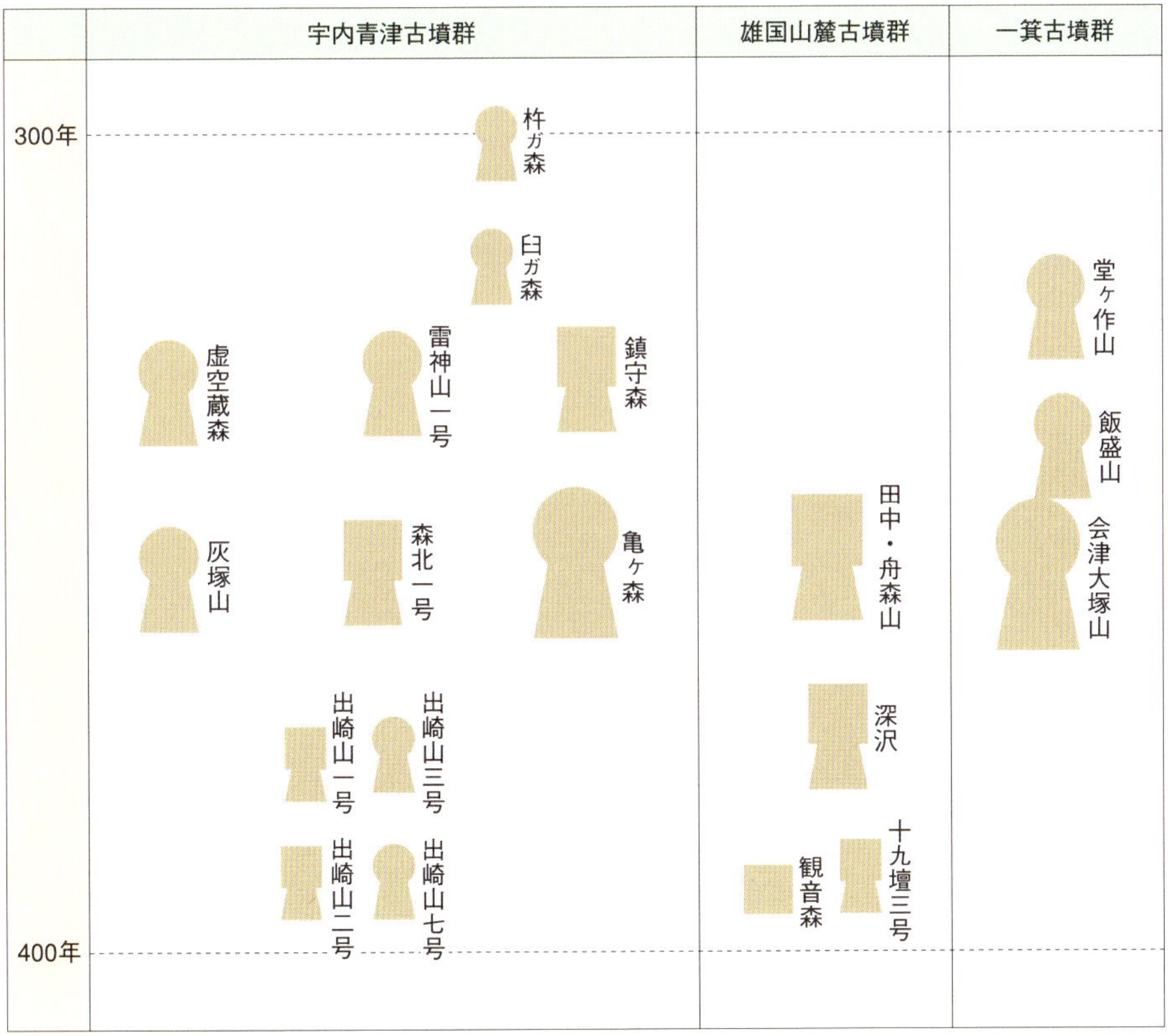

図54 ● 会津盆地の古墳の変遷

る埋葬施設であることがわかっている。粘土槨には朱が混じっていて薄いピンク色に染まっていた。これも格の高い埋葬施設の可能性が高い。三つの勢力はいずれも大和王権と関係の深い有力な王者によって治められていたのだろう。

大和は別にして、列島内でも古墳時代前期に首長墓を含む三つの古墳群が、同時期に継続して営まれるという地域はきわめてまれだ。列島内でも特異な地域であったのだろう。競い合うように古墳を築き続けた三つの勢力の王者たちは、大和王権が列島規模で連合体制を築いてゆく古墳時代前期に、連合体の重要な一員として活動したと考えられる。

建沼河別命と大毘古命

ところで、「古事記」には四道将軍の建沼河別命《たけぬなかわわけのみこと》と大毘古命《おおびこのみこと》とがこの地で行き会い、会津の地名起源になったとの説話が残されている。かつて古い時期の古墳が会津大塚山古墳だけだと考えられていたころに、会津大塚山古墳をこの四道将軍の墓と考える向きもあった。

しかし、会津大塚山古墳が四道将軍の墓であれば、当然最古の古墳のはずだが、実際には会津大塚山古墳よりも古い古墳が多く発見されている。会津大塚山古墳を四道将軍の墓と考えることはできない。この説話には、かつて大和王権の一員として活動した会津の勢力の記憶が反映されているのだろう。

4　縮小してゆく古墳群

近年、会津坂下町長井前ノ山古墳が発掘調査され、合掌天井式石棺《がっしょうてんじょうしきせっかん》を埋葬施設とする前方後円墳が五世紀前半に築造されている（図55）ことや、喜多方市（旧塩川町）古屋敷《ふるやしき》遺跡で五世紀後半の豪族居館が存在することが判明した（図56）。

それでも、前期の大型古墳を含み継続的に築かれ続ける古墳群の姿とくらべれば、古墳時代中期、五世紀ごろに会津盆地の古墳は急速に少なくなることは間違いない。前期に有力だった三つの勢力はその後どうなったのだろう。

現状では、一箕古墳群、雄国山麓古墳群は中期にまで継続していないように見える。宇内青津古墳群は長井前ノ山古墳まで系譜をたどれるが、そのほかは未確認である。全体として中期まで若干の古

図55 ● **長井前ノ山古墳合掌天井式石棺**
合掌天井式石棺はたいへんめずらしい。

墳が築かれているかもしれないが、古墳の規模は明らかに縮小する。中期には会津盆地の勢力は王権の一翼を担う重要な一員としての位置にはないようだ。

大和王権は、中期になると初期の連合体制から、王権の権力を強化して王と王に仕える地域の支配者との関係に切り替えていくようだ。会津盆地の勢力はこのような動向の中で王権との関係を変え、離脱するか、一定の距離を保つことになったのだろう。

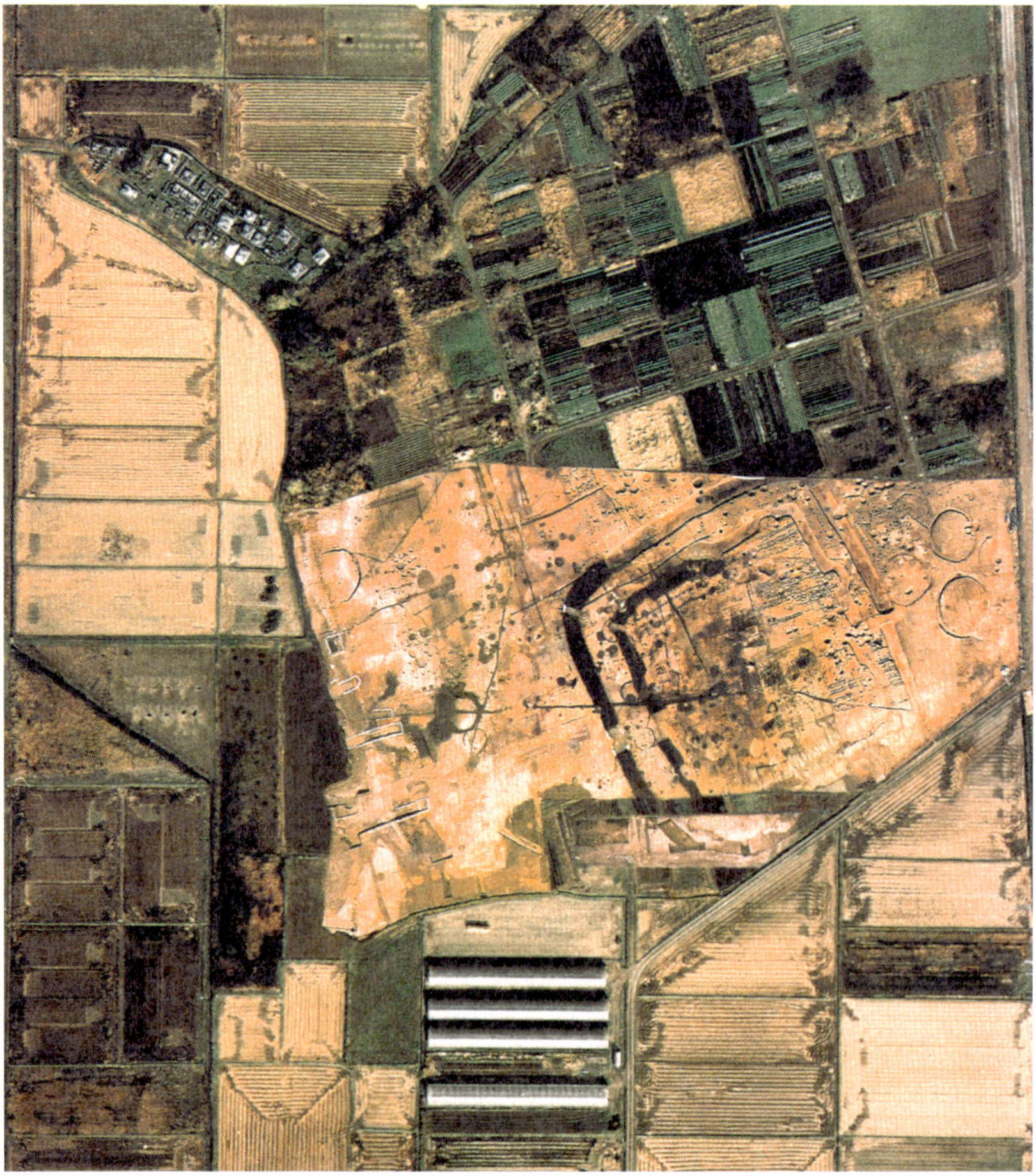

図 56 ●喜多方市（旧塩川町）古屋敷遺跡
二重の濠に囲まれた中に竪穴住居があり、豪族の館かと言われる。

主な参考文献

鳥居龍蔵　一九二五「会津・越後の有史以前」『有史以前の跡を尋ねて』

伊東信雄、伊藤玄三　一九六四『会津大塚山古墳』会津若松史別巻Ⅰ会津若松史出版委員会

大塚初重　一九七五「福島県深沢古墳の測量調査」『福島考古』第一六号

生江芳徳　一九七六「会津坂下町の大型古墳」『福島考古』第一七号

生江芳徳　一九七七「会津坂下町宇内青津古墳群出崎山支群の測量調査」『福島考古』第一八号

生江芳徳　一九七八「会津坂下町宇内青津古墳群森北、鍛冶山支群の前方後円墳の測量調査」『福島考古』第一九号

田中幸悦、生江芳徳　一九八〇「会津坂下町宇内青津古墳群虚空蔵森前方後円墳の測量調査」『福島考古』第二一号

会津大塚山古墳測量調査団　一九八九『会津大塚山古墳測量調査報告書』

穴沢咊光、馬目順一、今津節生　一九八九「会津大塚山古墳出土の鉄製三葉環頭大刀について」『福島考古』第三〇号

古川利意、和田聡他　一九九〇『宮東遺跡・中西遺跡・男壇遺跡』会津坂下町教育委員会

堂ヶ作山古墳調査団、会津若松市教育委員会　一九九一『堂ヶ作山古墳Ⅰ』

吉田博行、高橋和　一九九二「福島県耶麻郡塩川町田中舟森山古墳採集の埴輪」『福島考古』第三三号

辻　秀人　一九九二「古墳の変遷と画期」『新版古代の日本九　東北・北海道』

堂ヶ作山古墳調査団、会津若松市教育委員会　一九九二『堂ヶ作山古墳Ⅱ』

辻　秀人　一九九二『図説福島の古墳』福島県立博物館

辻　秀人　一九九三「東北南部の古墳出現期の様相」『東日本における古墳出現過程の再検討』日本考古学協会一九九三年度新潟大会　シンポジウム二資料集

藤原妃敏他　一九九三『発掘　ふくしま』福島県立博物館企画展図録

藤原妃敏、菊地芳朗他　一九九四『会津大塚山古墳の時代』福島県立博物館企画展図録

吉田博行他　一九九三『亀ケ森古墳　国指定史跡亀ケ森古墳試掘調査報告書』会津坂下町文化財調査報告書第三七集

菊地芳朗　一九九四「会津大塚山古墳南棺出土の靫」『福島県立博物館紀要』第八号

吉田博行　一九九五『杵ガ森古墳　杵ガ森古墳・稲荷塚遺跡発掘調査報告書』会津坂下町文化財調査報告書第三三集

堂ヶ作山古墳調査団、会津若松市教育委員会　一九九六『堂ヶ作山古墳Ⅲ』
藤原妃敏、菊地芳朗　一九九四「会津大塚山古墳　南棺と北棺」『福島県立博物館紀要』第一一号
吉田博行　一九九八『鎮守森古墳：国指定史跡鎮守森古墳発掘調査報告書』会津坂下町文化財調査報告書第五〇集
和田聡、植村泰徳、菅智子　一九九九『古屋敷遺跡』塩川西部地区遺跡発掘調査報告書四
菊地芳朗　二〇〇二「福島県会津坂下町長井前ノ山古墳―合掌形石室を持つ前方後円墳の調査―」『月刊考古学ジャーナル』第四九二号
辻　秀人　二〇〇三『ふくしまの古墳時代』歴春ふくしま文庫　歴史春秋社

写真提供

福島県立博物館：図1～4・6～9・12・14・16・19・20・39・41～44・47・50・55・遺跡、博物館紹介の写真（会津若松市所蔵：図2～4・6～8・16〈靫の調査状況2点と切り取り作業〉／会津坂下町教育委員会所蔵：図42・44〈中西遺跡・稲荷塚遺跡出土土器〉・50／石川県埋蔵文化財センター保管資料：図43・44〈能登の土器〉）／穴沢咊光：図5／東北歴史博物館：図10／新潟大学人文学部考古学研究室：図24・27／会津若松市教育委員会：図25（『堂ヶ作山古墳Ⅰ』より転載）／甘粕健：図28／会津坂下町教育委員会：図32～34・45・46・48・49・51・53／喜多方市教育委員会：図36・37（株式会社オリス）・38・56　上記以外は著者

図の出典

図13：福島県立博物館企画展図録「会津大塚山古墳の時代」より／図15・18：伊東信雄、伊藤玄三『会津大塚山古墳』より／図17：御所市教育委員会『鴨都波1号墳調査概報』より／図22：会津大塚山古墳測量調査団『会津大塚山古墳測量調査報告書』より、一部改変／図23：佐藤博幸作成／図26：堂ヶ作山古墳調査団『堂ヶ作山古墳Ⅰ』より／図31：生江芳徳「会津坂下町の大型古墳」『福島考古』第一七号より／図35：国土地理院　五万分の一地形図「喜多方」より／図52：会津坂下町文化財調査報告書第三三集『杵ガ森古墳』より　上記以外は著者

会津大塚山古墳

・福島県会津若松市一箕町大字八幡字北滝沢
・JR磐越西線会津若松駅より市内循環バス3コースに乗り、大塚二丁目下車、徒歩10分
出土遺物は福島県立博物館に収蔵、展示されている。近くには飯盛山古墳と堂ヶ作山古墳があり、一箕古墳群を形成している。

会津大塚山古墳

福島県立博物館

福島県立博物館

・福島県会津若松市城東町1―25
・電話0242（28）6000
・開館時間9：30～17：00
・休館日　月曜日（月曜日が祝日の場合は火曜日）、祝祭日の翌日（土・日にあたる場合は開館）、年末年始
・入館料　一般、大学生は260円、高校生、小・中学生は無料（企画展の場合は別に設定）
・交通　JR磐越西線会津若松駅から車で10分
市内循環バス1コースにて県立病院前下車　徒歩5分
鶴ヶ城経由飯盛山行きにて県立博物館前下車　徒歩1分
まちなか周遊バス「ハイカラさん」にて鶴ヶ城三の丸口下車すぐ
＊休館日の月曜に開館する日があったり、常設展無料開放日もあるので、詳しいことは左記ホームページで
http://www.general-museum.fks.ed.jp/

古代展示室

刊行にあたって

「遺跡には感動がある」。これが本企画のキーワードです。

あらためていうまでもなく、専門の研究者にとっては遺跡の発掘こそ考古学の基礎をなす基本的な手段です。また、はじめて考古学を学ぶ若い学生や一般の人びとにとって「遺跡は教室」です。

日本考古学では、もうかなり長期間にわたって、発掘・発見ブームが続いています。そして、毎年厖大な数の発掘調査報告書が、主として開発のための事前発掘を担当する埋蔵文化財行政機関や地方自治体などによって刊行されています。そこには専門研究者でさえ完全には把握できないほどの情報や記録が満ちあふれています。しかし、その遺跡の発掘によってどんな学問的成果が得られたのか、その遺跡やそこから出た文化財が古い時代の歴史を知るためにいかなる意義をもつのかなどといった点を、莫大な記述・記録の中から読みとることははなはだ困難です。ましてや、考古学に関心をもつ一般の社会人にとっては、刊行部数が少なく、数があっても高価なその報告書を手にすることすら、ほとんど困難といってよい状況です。

いま日本考古学は過多ともいえる資料と情報量の中で、考古学とはどんな学問か、また遺跡の発掘から何を求め、何を明らかにすべきかといった「哲学」と「指針」が必要な時期にいたっていると認識します。

本企画は「遺跡には感動がある」をキーワードとして、発掘の原点から考古学の本質を問い続ける試みとして、日本考古学が存続する限り、永く継続すべき企画と決意しています。いまや、考古学にすべての人びとの感動を引きつけることが、日本考古学の存立基盤を固めるために、欠かせない努力目標の一つです。必ずや研究者のみならず、多くの市民の共感をいただけるものと信じて疑いません。

監　修　戸沢　充則

編集委員　石川日出志　小野　正敏
勅使河原彰　佐々木憲一

著者紹介

辻　秀人（つじ・ひでと）

1950年10月30日生まれ。1980年 東北大学大学院文学研究科博士課程後期単位取得満期退学。福島県立博物館の建設準備に携わり、開館後6年間博物館の運営にあたる。現在、東北学院大学文学部、同大学院文学研究科教授

主な著作　「東北古墳時代の画期について（その1）—中期後半の画期とその意義」『福島県立博物館紀要』第3号、「東北古墳時代の画期について（その2）—7世紀史の理解をめざして」伊東信雄先生追悼考古学古代史論攷、「陸奥国の古瓦の系譜」『福島県立博物館紀要』第6号、「蝦夷と呼ばれた社会—東北北部社会の形成と交流」『古代蝦夷の世界と交流』古代王権と交流1　名著出版、『古墳時代の考古学』シンポジウム日本の考古学4　学生社 共著、『ふくしまの古墳時代』歴史春秋社ほか

シリーズ「遺跡を学ぶ」029

東北古墳研究の原点・会津《あいづ》大塚山《おおつかやま》古墳

2006年9月20日　第1版第1刷発行

著　者＝辻　秀人

発行者＝株式会社 新 泉 社
東京都文京区本郷2-5-12
振替・00170-4-160936番　TEL03(3815)1662／FAX03(3815)1422
印刷／太平印刷社　製本／榎本製本

ISBN4-7877-0639-X　C1021

シリーズ「遺跡を学ぶ」(第Ⅰ期・全30冊+別冊1)

001	北辺の海の民・モヨロ貝塚	米村 衛
002	天下布武の城・安土城	木戸雅寿
003	古墳時代の地域社会復元・三ツ寺Ⅰ遺跡	若狭 徹
004	原始集落を掘る・尖石遺跡	勅使河原彰
005	世界をリードした磁器窯・肥前窯	大橋康二
006	五千年におよぶムラ・平出遺跡	小林康男
007	豊饒の海の縄文文化・曽畑貝塚	木﨑康弘
008	未盗掘石室の発見・雪野山古墳	佐々木憲一
009	氷河期を生き抜いた狩人・矢出川遺跡	堤 隆
010	描かれた黄泉の世界・王塚古墳	柳沢一男
011	江戸のミクロコスモス・加賀藩江戸屋敷	追川吉生
012	北の黒曜石の道・白滝遺跡群	木村英明
013	古代祭祀とシルクロードの終着地・沖ノ島	弓場紀知
014	黒潮を渡った黒曜石・見高段間遺跡	池谷信之
015	縄文のイエとムラの風景・御所野遺跡	高田和徳
016	鉄剣銘一一五文字の謎に迫る・埼玉古墳群	高橋一夫
017	石にこめた縄文人の祈り・大湯環状列石	秋元信夫
018	土器製塩の島・喜兵衛島製塩遺跡と古墳	近藤義郎
019	縄文の社会構造をのぞく・姥山貝塚	堀越正行
020	大仏造立の都・紫香楽宮	小笠原好彦
021	律令国家の対蝦夷政策・相馬の製鉄遺跡群	飯村 均
022	筑紫政権からヤマト政権へ・豊前石塚山古墳	長嶺正秀
023	弥生実年代と都市論のゆくえ・池上曽根遺跡	秋山浩三
024	最古の王墓・吉武高木遺跡	常松幹雄
025	石槍革命・八風山遺跡群	須藤隆司
026	大和葛城の大古墳群・馬見古墳群	河上邦彦
027	南九州に栄えた縄文文化・上野原遺跡	新東晃一
028	泉北丘陵に広がる須恵器窯・陶邑遺跡群	中村 浩
029	東北古墳研究の原点・会津大塚山古墳	辻 秀人
030	赤城山麓の三万年前のムラ・下触牛伏遺跡	小菅将夫
別冊01	黒耀石の原産地を探る・鷹山遺跡群	黒耀石体験ミュージアム

A5判/96頁/定価1500円+税